若手社員との関係がうまくいかないと思ったら読む本

40代管理職が知っておくべき若手社員との接し方

宮本敦子 著

セルバ出版

はじめに

本書は、「若手社員との関わり方」がわからないと悩んでいる40代前後の管理職の皆さんに向けて書きました。

これからの組織の成果と成長には、40代前後のリーダーと次世代リーダとなる若手社員の関係性が欠かせないにもかかわらず、ジェネレーションギャップに悩むだけではなく、具体的な関わり方に試行錯誤している人が多いと感じたからです。

私は、人と組織のアドバイザーとして、日々いろいろな組織に関わっています。そこでは、「人」に関するいろいろな悩みの中でも、「若手社員」に関する悩みを多く伺います。

「できる若手がすぐ辞める」「若手社員がよくわからない」「どう育てたらいいか」。

若手社員と言われますが、この若手社員の定義はとても曖昧だと思います。なぜなら、60歳を過ぎた経営者から見た若手社員と、30代から見た若手社員の範囲は違うからです。そして、この悩みは、どの時代でもあるものだと思います。また、若手社員と一口で言っても、世代ごとの何となくの特徴はあるものの、個々によって特性は違います。

私の世代は、ベビーブーム世代で、大量生産大量消費、この年はこれが流行となると、皆がこぞってそれを買っていた時代でした。だからこの世代の若者は、こんな感じでまとめられても、なるほどと思えたのですが、今の時代はそうではありません。若者自体の数も減り、人の好みも、価値観も、多様化しています。だからこそ捉えようがない世代なのではと私は感じます。それでも、人間の心理として、この世代はこんな感じと定義がしたい。したほうが対応がしやすいので、どの時代も「今時の若者は」とか、「○○世代」といったラベリングをするのでしょう。

昭和の組織においては、従業員1人ひとりを「個」ではなく集団の中の1人として関わってきました。時代が変わり、平成になり、令和になり、時代背景も、外部要因も大きく変化し、多様性の時代になりました。組織においても、人は仕組みの1人ではなく、大切な資産と言われるようになりましたが、組織と人の関係性はまだ昭和のままというところも多いと感じます。

組織と従業員の成果と成長には、1人ひとりの「個」を認め、それぞれの特性をどう活用するのか、組織力としていくには何をどうすればよいかを考え、実行していくことが重要です。

従業員の関係性にフォーカスすると、1＋1＋1ではなく、掛け算で∞の成果を生み出す関係性をつくることが重要で、この掛け算がコミュニケーション力です。このコミュニケーション力のベースになるのが、従業員の自分と自分、自分と他者との関わり力ということになります。

今、組織において若手社員をはじめとする人に関する悩みのいろいろは、日常の中の様々な場面で発生しています。こういった一見共通性がない悩みも、根っこの部分は共通していたりします。

例えば、「できる若手がすぐ辞める」「若手社員がよくわからない」「どう育てたらいいか」―この3つの悩みの解決策は一見別のようですが、お互いの関係性ができていないから、若手はあなたに相談なく辞めていくのであり、あなたと自分の関係性ができていないから、自分が若手社員とどうありたいのかがわかっていなくて、結果、若手社員がよくわからないということになります。関係性を言い換えると、自分と自分、自分と他者との関わり方です。

ですから、この課題を解決していくためには、この関係性の質を上げていきながら、発生ベースで出来事レベルの悩みに対処していく。同時に組織のビジョンや目的からどんな人材が必要かなどの視点から人材育成プランやチームビルディングプランを考え、実行していくことが重要になります。

結果として、若手社員が定着し、主体的な人材が育つ土壌ができ、人中心で組織の成長からさらにはイノベーションが生まれる組織ができていきます。

人が育ち、組織が成長するには、年単位の時間がかかります。そして、豊かな大地には、豊かな木々や作物が育つように、組織の継続的な成長と発展には豊かな人材という土壌が必要です。私たちは、木々や作物を育てるために、土を耕し、時には肥料を入れ、日々水やりや剪定を行いながら、実りの日を待ちます。組織も同じで、豊かな土壌をつくることこそが、個々が自主・自律した主体的な人が集い、お互いの成長に関わり合える人の集団になるということです。

そんな話を経営者の方や幹部の方にさせていただくと、時折、「うちは大丈夫だね、皆仲がいいから」と言われることがあるのですが、仲がいい＝関係性ができているということではありません。なぜなら、組織とは、成果を出すことを目的としたチームであり、気の合う仲間同士の集まりとは違います。それぞれの強みを掛け算して∞の成果を生み出せる集団です。それは、時には厳しい議論もできる関係性です。従業員の仲がいいことはよいことですが、それがお互いを高め合える仲なのか、まあお互い楽しく楽にいけたらいいよという仲なのか、仲がいいにもいろいろあるということです。

今回この「関わり方」に関する本を書こうと思ったのは

ここが、人と組織の成長に欠かせない豊かな土壌のベースであるからです。この土壌がないと、その上の植物や木々は育ちません。若手社員の育成も、リーダーシップも、働き方改革も、チームビルディングもどんなテーマや課題の達成も、このベースが必要だからです。そして、豊かな土壌は1日でできないのと同じで、その土壌を形成する個々の関わり力は、日々磨き続けるしかありません。

本書を手に取ってくださっているあなた自身や、あなたの職場でも、様々な課題があり、研修などの取組みをされているかもしれません。ですが、この土壌が貧相なものなら、上にどれだけよい草木を植えたとしてもうまく育たず枯れてしまいます。何度植えても水を与えてもうまく育ちません。

また、土壌のつくり方、何をすればいいかが適してなければ、時間と費用がかかる割に効果が出ない、出ないからやめてまた違う方法を探すなど、大切な時間やお金やマンパワーをロスしてしまいます。

とはいえ、本のテーマとして「関わり方」を取り上げるには、関わり力を構成する要素が多岐にわたり、どう構成すればよいかを悩みました。

そこで、40代前後のリーダー世代と若手社員との関係性にフォーカスして、「関わり方全般の教科書」として使ってもらえる内容にしました。

なぜ40代前後の皆さんなのか

時代の変容と、加速するスピードの中でのエアーポケットにいて、自分を見失いがちな世代だけれど、現場で日々直接的に若手社員を始めメンバーと向き合っている世代でもあり、この世代の頑張りがバトンを渡す次世代の成長に大きく関わってくる、そんな大事なポジションにいる世代だからです。

この世代の上司が過ごしてきた時代は、人の関係性は年功序列、縦社会で、組織や社会はそんなものと誰もが思っていた時代でした。組織は、精神論と上司の持論で動いていました。上が黒と言えば黒、数字が達成できなければ「気合が足りない」と夜中まで走り回る。理不尽だなと思うことがあっても、やがて自分もその世代やポジションになれるからそれまでの我慢だ――こんな風に1度組織に入ると自分の未来のタイムラインが見えていたので、そこから外れないように頑張ることが重要でした。

人間関係も組織運営もトップダウンでしたが、その分上が下の面倒を見るという関係性もあって、部下を叱り飛ばすからには、自分にも厳しく部下のやることは自分が全部責任を持つという気概のある人や、面倒見がいい人、個性的で豪快な上司も多くいました。

40代前後は、こんな世代の上司と今の若手世代との間に挟まれた世代です。社会に出た時期は就職氷河期で、何十社と受けても1社内定が出ればいい。やりたいこと、向き不向き、自分の強みより、就職できたらラッキーでした。大企業の倒産、自然災害、今日の常識が明日にはガラリと変わることも経験しています。

時代の流れは大きく変わっているのに、組織は相変わらずトップダウンで、「仕事は見て覚えろ」の精神論で動いていました。世の中の景気は回復せず、仕事を丁寧に教えてもらった経験も、育てようと関わってもらったと感じることもあまりなく、若手社員時代を過ごしてきました。中堅になっても、あなたの上の世代にあった「出世したら…」という未来ビジョンを描くことは難しく（役職が上がること＝出世とは考えない世代かもしれません）、現実は役職が上がるごとに、プレイヤーとして・管理職として・さらにリーダー的な役割と、求められる役割が増えていきました。

若手社員や新入社員が辞めると、上から怒られるのは自分たち。若手社員がミスをすると、教育がなっていないと言われるのも自分たち。組織の目標を達成するために若手社員が動けなければ、自分がカバーするしかない。目先のことに追われ、日々を過ごしているのに、「働き方改革」といわれて、働く時間を今より減らせなどと言われるけれど、仕事は今までどおり。若手社員からは権利を言われる。では、自分たちはどうしたらいいのか。そんな閉塞感を私はこの世代から感じます。

文字にすると何か重苦しいものを感じますが、私がお付合いをしているこの世代の皆さんは、それはそれとして（気にしていない）他責にはしていません。自分は、「どうしたいのか、どうするのか」と自分主体で動くマインドとスキルを持って自分の人生を生きている方が大半です。その下で働く若手社員も、そんなマインドを持ったメンバーが集まってきています。

上向きな人生も下向きな人生も自分次第

言い換えると、自分のマインド次第で、自分の人生は上向きにも下向きにも進めます。今、あなたの目の前には、2本の分かれ道があります。どちらの道を進みますか？

きっとこの世代の皆さんは、そういったことは自分たちが一番わかっていて、過去のことを言っても、現状を嘆いても始まらないと思っている人が大半だと思います。だけど、自分はどうしたらいいのか？　何から取り掛かると前に進めるのだろうか？　考えるといつもそこで止まってしまい、忙しい日々の日常に埋没してしまう。

そんな人たちが本書を手にとったことで、「何か1つやってみようか」と1歩を踏み出すきっかけになればいいなと思っています。

40代前後のあなたから上の世代と若手世代は、生きてきた時代背景だけでなく、受けてきた教育が違います。端的に言うと、あなた世代より上の教育は、「5＋5＝？」答えは1つです。学びは、正解を考えること、とにかく詰め込み暗記する。苦手を努力によって克服する。根性や精神論。

若手社員の受けた教育は、好きや楽しい、得意なことを伸ばす。基本ほめて伸ばす。合理的かつ論理的な根拠に基づく。こんな感じでしょうか？　これだけ違うので、思考や行動特性も違うのです。違うからわからないは当たり前のことです。

ならばまず、「相手を知ること」に気持ちを向けてみることから始めてみてはどうでしょう？

組織のため、若手社員のためと考えると、踏み出せない1歩も、自分のためと思うと踏み出せそうではないですか？

　自分の思考と行動が変わることで、見える未来が変わります。あなたの相手との向き合い方が変わることで、相手もあなたとの向き合い方が変わってきます。あれっと気づいたら悩みだと思っていた大半がなくなり、前に向かうための課題が目の前にある。何で自分ばかり……と思っていたことが「～してみよう」という主体的な思考になると、考えてやってみることが楽しくなります。

　ここでお伝えしていることは、私のメソッドの土台となるコーチングや脳科学、いくつかの心理学、エビデンスをベースに、私自らが経験したことと年間２００日以上の研修や関わりの中での実例を基にしています。この変化は、誰でも、自ら望み、自らが実行すれば、誰でも手に入れることができます。

私の場合

　それは、長い年月、自分の手探り・手探りで出会ってきた結果でした。そこから目を背けていた時期もあったし、その時できることを一生懸命頑張っていた時期もありました。どんなときでも、唯一「自分はどうしたいのか？　どうすればいいのか？」は考え続けていたのですが、そんなある日、書店で「コーチング」の本に出会ったことで、今まで自分の中にバラバラにあったピースが当てはまっていきました。自分が手探りでやっていたことの、理論と手法がそこにあります。なるほど、だからだったのか……。目から鱗とはこのことでした。

その頃、今時の若手社員と同じような特性を持った女性社員が私の下にいました。皆のお役立ちの雑用あれこれはやりたいけど、人前に出る仕事はやりたくないと公言していました。上に何か言われて、叱られたわけではないのに、答えられないと泣く。そんな感じでしたが、気立てはよく、ニコニコしていました。頭はいいので言われたことはすぐ覚えます。

そのとき私は、仕事も家庭も沢山のものを抱え込んでいて、彼女に優しく接する余裕はなく、彼女のやりたい、やりたくないに関わらず、仕事を任せていっていました。が、私との間では、なぜか泣くことはありませんでした。今思えば、私も細かいことを言われるのが苦手なので、ある程度指示を出したら彼女に任せていたのがよかったのかもしれません。

そんなある日、いつものように彼女から「できました」という報告が来ました。いつもダメ出し多め、やり直しの指示をするのですが、そのときはその箇所が少なく、工夫も感じられて（成長した）と感じたので、そのまま彼女にそう伝えました。すると初めてかもしれないぐらい嬉しそうな表情をしたのです。はっとしました。

本にあった「承認」という言葉が浮かびました。そして、今までの自分の言動を振り返り反省しました。彼女なりに頑張ってくれていたことを、私は伝えていただろうかと。もちろん、愛情を持って接してはいたのですが、ねぎらいや感謝、勇気づけ　それらを伝えていただろうかと。

それからは、承認を意識して彼女に関わりました。すると、嫌だと言っていた人前でのデモもやるようになり、展示会での彼女の説明から案件につながるという快挙を達成するまでに成長してくれたのです。

私は、こうやって人と人の関わり方や育て方を現場で学んでいきました。

私がコーチングを学びはじめたのは、それからしばらく、会社を辞めたときになります。最初は、仕事で得た知識を形にしておきたいという動機でしたが、学び始めてみると、スキルよりもどれほど自分がいろいろなものを抱え込んできたのかがわかりました。

今までは「他者をどうするか」に目が向いていたのですが、順番として向き合うのはまず自分自身ということに気づいたのです。

自分が、それでOKならOKなのですが、私は身軽になりたいと思いました。ガチガチの鎧を着て武装していた私自身が、薄皮を剥ぐように身軽になっていくと同時に、今までモヤがかかっていたような視界がクリアになっていきました。

私は、自分のことを人に話すことが苦手でした。年齢の割にはまあまあいろいろな経験をしてきていて、それをどう人に話すのかわからなかったのです。

人に甘える、相談するのも苦手でした。愚痴と弱音の違いがよくわかりませんでした。

そんな自分が少しずつ抱え込んでいたものを手放して変わっていくと、見える風景や出会う人が変わっていく。それが楽しくて仕方ありませんでした。

子供の頃、あんなに嫌だった努力することや挑戦することが楽しくなりました。

1つ山を登り、その頂上から眺めると、次の山が見えます。あの山に登りたい……、どうやって？

そんなときには必ず、師匠となるような人や応援してくれる人、本や、必要な出会いがありました。

こうやって、私自身が、周りのいろいろに左右されることなく、また時に揺らいでも、自分のホームポジションに戻ることができるようになったことで、自分の人生を自分でハンドリングしているという感覚を持つことができるようになりました。

私にできたのだから誰でもできる。これを必要な人に届けたいと思うようになりました。

どうでしょう。読んでみよう、やってみようと思っていただけたら幸いなのですが、最後にもう1つ大事なことをお伝えします。

本書とのおすすめの関わり方

何かを変えていくのには時間がかかり、それが成果として現れてくるのには、さらにタイムラグがあるということです。

人の習慣は、意識しないでできるようになるのに3か月、それが定着するのに6か月かかると言われています。

本を読んでいただくだけでは、「知った」、または「理解した」というところです。今までもいろいろな本を読んで学んだけど、「あまり変わらなかった」というのも当たり前のことなのです。

うまくいくためには、方程式と順番があります。若手社員との関わり方も同じです。ざっと最初から最後までを読んでいただき、どんなことが書いてあるのかを目を通していただいた後、ぜひ第

3章からの内容で、やってみようと思うところから、順番にやってみてください。そして、「これは」と思ったものはぜひ続けてください。

若手世代にも

対象を40代前後としていますが、若手の皆さんにも使っていただける内容です。若手の方も、同じように上世代の付合い方がわからないので、双方にギャップが生まれています。上世代はそんな風に感じているのかという気づき、客観的に自分たち世代はこう見られているのだとわかると、自分たちからの関わり方を変えることもできます。

苦手だなと感じる上司やお得意先の方との関係性を変える1冊として使ってください。

簡単なことから始める

人は、何かに挑戦しようと思ったとき、つい難しいことからやろうとします。

例えば、運動不足だから運動しようと思ったとします。つい1時間早起きして近くの公園を○キロ、ランニングするなんて決めてしまいます。すると、2日目朝起きられなかった。3日目雨だったと、多分この後続かない。そんな経験をされた方は多くないですか？

普段運動をしていないなら、まず近所の散歩から始めるとか、簡単なことならもう少し心理的な負担なく続けられると思うのです。こんなふうに、人は難しいこと＝効果があると思い込みがちですが、ほとんどは簡単で小さなことの積重ねです。
人と人のコミュニケーションの手法や考え方も、皆さんの身近にある、とてもシンプルで簡単なことです。ただ、相手があり、それぞれの価値観や感情が違うから、難しいと感じるのです。人はそういうものということを頭の片隅に置いてください。そして、方程式と順番がポイントです。

（追記）
本書を書いている間に、世の中での対面でやりとりが困難になり、オンラインコミュニケーションが注目されています。私に対しても、オンラインでの実施の仕方などの依頼も増えています。オンラインでのセッションや研修、会議、面談にもメリット・デメリットがあります。オンラインのデメリットの1つは、対面以上に相手の言葉や表情の後ろにあるものがわかりにくいことです。ですが、これからは選択肢の1つとして、オンラインも今以上に増えてきます。今まで以上に相手との関係性があることが重要になってくると感じながら筆をおきました。

2020年6月

宮本　敦子

若手社員との関係がうまくいかないと思ったら読む本
―40代管理職が知っておくべき若手社員との接し方　目次

はじめに

第1章　若手社員との関わり方で困っている「10の悩み」

1　悩みとは・22
2　若手社員との関わり方で困っている「10の悩み」・24

3　若手社員との関わり方の悩みを解決するヒント・35

第2章　若手社員を理解する「10の特性」

1　若手世代の傾向と特性を知る理由・40
2　若手社員を理解する「10の特性」・42
3　この世代を活かす関わり方・59

第3章　若手との付合い方の悩みは簡単に解決できる

1　あなたはなぜ若手との関わり方に悩むのか・62
2　若手との関係がよくなり自分も楽になる考え方・67

3　若手社員のポテンシャルを引き出すパートナーシップの考え方・75

第4章　若手社員とよりよい関係性を築くために

1　コミュニケーションって何だろう・86
2　関わり方やスキルの前にまず関係性の土台をつくる・90
3　若手社員との「信頼関係」を築くヒケツ・93
4　個性を失くすから活かす時代・104
5　脳の個性による思考のクセで若手社員を活かし伸ばす・107
6　あなたの思考タイプは？・113

第5章　若手のやる気を引き出す関わり方

1　心構え・126

2　お互いが協働しやすい関係をつくる・142
3　若手社員のやる気を高める・151
4　タイプ別モチベーションが上がる褒められ方・160
5　若手社員が自ら動き、成長し、成果を出す・164

第6章　若手社員が自ら育つ効果的なコミュニケーションスキル

1　テクニックより関係性が大事・182
2　若手社員と信頼関係を構築する話の聞き方・183
3　若手社員が自ら考え自ら行動するために・189
4　言いにくいことも上手に伝わる伝え方・212
5　その他のコミュニケーションスキル・214

第7章　若手社員がその気になる叱り方

1　叱れない上司が増えている・218
2　叱って慕われる人、嫌われる人・220
3　怒ってはダメなのか・222
4　怒りのコントロール・225
5　上手な叱り方7つのヒケツ・232
6　タイプ別効果的な叱られ方・239

おわりに

第1章　若手社員との関わり方で困っている「10の悩み」

1　悩みとは

悩みはその人の主観である

若手社員のマネジメントの悩みを聞くとき、必ず出てくる3つのワードが「何を考えているかわからない」「どう接していいかわからない」「若手が育たない」です。そこで、もう少し細かく、若手社員との関わり方でどんな悩みがあるのかを、40代前後の管理職100人に聞いてみました。いただいたエピソードをそのままご紹介します。ご本人の考えや感想ですから、ここによい、悪いはない前提でお読みください。

人の数だけエピソードがあって、悩むポイントも、モヤモヤ、イライラするポイントも違います。自分事では気づかなかったことも、こうやって他者のこととして読んでみると、違う視点から見ることができます。結果、気づくこともあるかもしれません。なるほどこんなことがあるのね…ぐらいの意識で読んでいただけたらと思います。

ちなみに、私の周りの方にこの結果をシェアしてみたら、「わかる!」と共感の声とともに、ご自身が若手だった頃の上司とのエピソードなど、話が盛り上がりました。自分たち世代と上世代よりもさらにギャップが大きいと感じるのは、「立場が変わったから?」という声もありました。「自分にはリーダーとしての魅力がないのか」「管理職には向かないのか」と悩んだり、「うちの若手社員が最悪なのだ」と思っていたけど、「同世代は概ね同じような悩みを持っているのだとわかって、気が楽になった」、また、自分たち世代と上世代よりも「世代間ギャップが大きいのだとわかった」という声も多くありました。

組織中の問題の大半は誤解と錯覚で起こる

組織の中で生じる問題の大半は、組織で発生している誤解や錯覚によって起こります。若手社員とあなたの関係性においてもそうです。あなたが感じているギャップは、同じように若手社員も感じています。

ただ、そのギャップは、ポイントのずれや解釈の違いから生じているだけです。あなたの「当たり前」や「よかれ」と思っている行動や発言が、若手社員の誤解や錯覚を生んでいることもあるということです。こんな風に文字にすると「当たり前」と思うことも、自分事となるとそうではない。それが人の常だと思います。

あなたが若手社員との関係性を何とかしたいと思っているなら、日々何となく悩んでいたり、何となくイライラしていることの「何となく」を明確にすることをまずしてみてください。「悩み」ほどの大きさではなくとも、「このイライラやモヤモヤは何なのだろう？」が少しでもはっきりすると、「そう思うのはどうしてだろう？」「何がどうなればいいのだろう？」と考えることができます。そうすると、自然に自分の「～してみよう」や、「～してみたい」という主体的な気持ちが生まれてきます。

2　若手社員との関わり方で困っている「10の悩み」

(1)　何を考えているのか理解できない

突然辞めるってどういうこと？

若手の部下と久しぶりにゆっくり話す機会があり、いろいろと想いを聞けたと思っていた。成長したなと思ったことも、こちらの期待も伝えた。本人も「頑張ります」とやる気を見せてくれていた。いい時間を持ててよかったと私のモチベーションも上がった数日後、その若手社員から退職の申し出があった。突然のことに驚き理由を聞くと、しごくあたり触りのない理由だった。相談ではなく報告だった。あの時間は何だったのか。あの話は何だったのか。いまだによくわからない。それ以降、他の若手社員の言動やそういったものを以前より意識しているつもりだけど、やはりよくわからない。

この若手社員に限らず、悩んでいる気配や退職したそうな気配に周りが気づかないまま、相談などもなく、ある日突然「辞めます」と言われたという声は多くありました。

とりあえず謝る

・何か注意をするとすぐ「すみません」と謝る。「何がすみませんなのかな？」と聞くと無言になる。「何が悪かったと思っているのかな?」と優しめに言い直してみると、「今度から気をつけます」と返ってくる。「そうなんだ。で、何が悪かったから、何に気をつけようと思っているの?」と聞いたら今度は無言。

一方的に注意するより本人の自主性をと思ったけれど、これでは話にならない。

仕方なく、なぜ注意をしたかという話をする。「わかった?」と聞くと「はい、頑張ります」と
また反射のように答えが戻ってくる。

どうせ「何をどう頑張るの?」と聞いても無言だろうから、それ以上聞かなかった。

この若手社員は、いつも妙にポジティブで、注意や叱られた後で普通に話しかけてくる。こちらのほうがこのような調子だからモヤモヤしているというのに…。そして、また同じことをしでかす。

人のことを舐めているのか、単純に馬鹿なのか。とにかく扱いづらいと感じている。

・私などは、謝るということは自分の非を認めることだから、素直に「ごめんなさい」が口に出なくて困ったけれど、そうではないようだ。謝れば親や大人は許してくれるから、とりあえず謝るのかな。謝罪の言葉の意味や重みが違うのかもしれない。
・都合が悪いと黙るのはよくある。我慢比べみたいになるね。そして、彼らはずーっと黙っていられる。先に口を開いたほうが負け。負けという表現がよいのかわからないけれど。それでつい「聞いているの?」と言葉を重ねると、男でも泣くんだね。びっくりしたよ。

(2) リアクションが平坦で感情が読めない

・「聞いている？」と確認すると、「はい」と判で押したように同じ言葉が戻ってくるAさん。表情や声のトーンが変わらないので、理解度が推測できない。

・いつもニコニコポーカーフェイスなのはいいけれど、褒められたときも、叱られたときも同じ表情のBさん。叱られたのだから、ポーズでもいいから反省の様子を見せたらいいのにとイライラしてしまう。つい「ヘラヘラするな」と強めに言ってしまった。次の日から明らかにこちらを避けていて、目を合わせることもしない。話もできないし、参った。というか、何で部下1人にこんなに振り回されないといけないのかと思う。

※今の時代、若手社員世代に限らず、誰かと食事をしていても、食べ終わると、それぞれスマホを見ている人が多いなと感じます。やりとりがSNS中心になってきていて、相手のリアクションを見ながら会話をする機会が減っていることも背景にはあるのかもしれないと私個人的には思っています。

人の話を聞くときうなづくなどのリアクションがない若手社員が多い

朝礼などで話すとき、伝わっている手応えがなく、「わかった？」「理解できている？」と何回も確認していた。研修で、「今の若手はうなづきながら話を聞く習慣がない人が多い」ことを知った。

まさに私が部下に話しているときの違和感はそれだった。早速、研修で学んだことをメンバー全員にシェアして、「うなづく」練習を実施した。

メンバー全員が皆話づらいと思っていたようだ。若手社員だけでなく、お互いに聞く姿勢が変わってくると話し方も上達した。

また、若手社員は、聞き方が変わるだけで成約率が上がったり、クレームが減ったり、知らないことを知る楽しさも体感したようです。

(3) 会話が一方通行で続かない

会話が続かない

・こちらが話しかけても、「はい」とか「いいえ」の短い言葉や最小限の単語で戻ってきて、それで会話が終わる。質問には答えるが、リアクションや反応も少なく、向こうから「○○さんはどうですか？」「他の人はどうなのですか？」など、向こうから私への質問が返ってくることも少ない。こちらばかり質問をしていると、詰問をしているのではと思ってしまう。

・振られた話題が興味のある話なら意外に自分のことを話す。今の若手社員は、上世代との会話を嫌がってはいないと思う。自分のことはわかってほしい、かまってほしいが、相手には興味はないのだろう。自分は大好きだが、相手のことはさほど興味はない。他人のことにはあまり興味がないようだ。そのため、向こうの話が終わり、こちらが質問しないと会話が終わり一方通行の会話になる。

※他人に興味がなく、マイペースな若手社員も増えていますが、会話のキャッチボールの仕方がわからない、こんなことを言ったら変に思われるかもと思うと言葉が出ないという悩みも多く聞きます。

※人に何かを伝える、自分の気持ちを理解してもらう行為は、自分の考えや思いの半分以下しか伝わらないのですから、エネルギーがいります。わかってもらいたい、わかりたいという双方のパッションのやりとりです。

周りに大人が多く、そのやりとりをせずとも自分の欲求の大半は満たされてきたので、社会に出てもそれができない。時にぶつかったり口喧嘩になったり、そういうことを解決して乗り越えた経験は、若者に限らずどんどん減ってきていると思います。

(4) 職場の「人間関係がよいこと」と「仲がよいこと」を勘違いしている

若手社員とフランクに接していたらいつの間にか若手社員もタメロになっている

チャレンジングな案件のプレゼン当日、緊張している私に対して「○○課長なら大丈夫すっよー」「頑張って！」と肩を叩いてくれた若手社員のA君。

10歳以上年下の部下にポンっと背中を叩かれるとは…。私が部下なら到底できない。励まそうとしてくれた気持ちはとても嬉しいが、彼は私のことを普段どんな上司と思っているのかとても気になった。上下を厳しく言うつもりはないが、一定の距離感を持つことが難しいと感じる場面が多くある。

あの人が嫌い、あの人とは上手くいかないと、仕事に好き嫌いを持ち込む

どの世代でもお互いに合う、合わないはある。ただ、今の若手社員は、「あの人が嫌だから、昨日こんなことがあったから、会社に行けない」と出社しなかったり、「あのチームは合わないから職場を変えてほしい」と平気で言ってくる人がいる。

話にくい先輩には、わからないことがあっても聞かないし、わからないことがあってもそのままだったりするから、途中で仕事が止まっていたり、トラブルになったりする。

仕方がないので、チームを組み替えてみたり、結局、上の世代が気を使うことになっている。これで収まるかと思いきや、他の若手社員が「なら私も…」と言ってきた。「〇〇さんばかり不公平」なのだそう。

先輩世代も若手社員の範疇だが、仕事のチームは仲よしクラブではないことをどう教えたらいいのか悩んでいる。

(5)「なぜ」と「何を」がわからないと動けない

言われたことしかしないのに、仕事を指示すると「なぜ、今、自分がそれをやるのか」が納得できないと動かない

好まない仕事なら、「なぜ僕なんですか？　他の人ではダメなんですか？」と聞いてくる。「なぜ」

と言われても、まだその若手社員に任せたいと思うような仕事ができるレベルではなく、「仕事でしょ」としか言えない。

1つひとつこんな感じで面倒だから、つい慣れている人間に頼んでしまう。早く戦力になってもらいたいが、この調子なのでいつまでたっても育たない。

(6) 自分で考えて動かないので、1つひとつ指示をしなくてはいけない

知らないことは「教える」けれどいつまでたっても言われたことしかできない

先日も急な会議で、資料のコピーが発生したため、「コピー○部急ぎでね」と言って会議に戻った。しばらく待っても資料が届かないので戻ってみると、その場で固まっている。「どうしたの?」と聞くと、「コピーはどうすれば…」と言う。

まさかコピーの取り方がまだわからないのかと思ったら、私が急いで会議に戻ったため、両面か、カラーかなどの仕様が聞けずわからなかったらしい。「会議の資料のコピーは、基本同じ。イレギュラーがあれば伝える」と前回教えたはず。

今回も、「メモ取った?」「いいえ」「取りましょう」「はい」でメモを取るのだけれど、何かあればこれを見るという行動にはつながらない。

きっといつも誰かがフォローをしてきてくれたのだろう。いつかは「何をしましょうか?」と向こうから声をかけてくれる日が来るのだろうか。

(7) 困り事や判断に迷うことに直面したとき、上司等の意見やアドバイスをもらうことができない

わからないまま独断でやってしまうため周りが迷惑する

「何かあったら声をかけてね」「わからないことがあったら聞いてね」と言っておいた。納期近くになって、重大なミスが発覚。これが完成しないと次の工程に進めず、迷惑をかける人が多数に及ぶ。何より完成納期に間に合わない。「なぜ相談しなかったの？」と聞くと、「皆忙しそうで声をかけられなかった」「何とかなると思った」とのこと。

報・連・相は、あなたのためではなく、周りの人のためにあるのだと、わからないなら聞きなさいと伝えた。

「わからなかったら聞け」と言ったら「いつもは自分で考えろ」と言うのにと反論された

「どのタイングで相談したらいいか、どこまでは自分の判断で動いたらいいかは、考えたらわかるはず」と言ったが、ピンときていない様子。

「周りに迷惑をかけるかもと思ったら、相談するでしょ」と言ったら、「そのタイミングがよくわからない」とのこと。

報・連・相のルールは決めているが、例外が発生することもある。けれど応用ができない。仕事って毎回同じケースはないので、どう教えたらよいのか困る。

(8) 常識が通用しない

転勤を断る

入社時に、転勤はあると伝えているはずなのに。嫌なら平気で断ってくる。理由をたずねると、親が反対など、親や家族の名前が出てくる。実際、他の人からも「両親と相談してきます」と言う若手が多いという声や、「奥さんが反対していて」と言う話をよく聞く。家族の反対を言われたらこちらも強く説得できない。

有給は権利だけど…

旅行のために有給申請をしてきたが、繁忙期のため「時期をずらしてほしい」と相談したところ、管理部に「有給を使わせてくれない」と直訴され、「きちんと説明できていないのか」と問合せがきた。有給は権利だが、取得には仕事に支障がないようメンバー同士調整するという暗黙知が通じない。メンバーには子供がいる女性もいるが、できる限り突発的な休みを避けるよう努力してくれているのに、突発的に休むことが多い。一部の若手社員の振舞いを見て、新入社員が倣っているのは明らか。リーダーが、「まだ有給を使うほど仕事できていないでしょ」と思わず言いそうになってしまったと言っていた。

これ以外の件でも、仕事ができない若手社員ほど権利を主張すると感じている。

⑼　恥をかくことや失敗を嫌がる。チャレンジなど面倒なことはやりたくない

断っていいんですよね？

「やるからには同期で一番先に○○を目指します」「どんなことでもまずはチャレンジします」など、今年の新入社員はいつになく元気がいい。期待も込めて、少し早いがプロジェクトに抜擢することにし、一番勢いがあるA君に声をかけた。

いつものとおり勢いよく「わかりました。頑張ります」と返事が返ってくるかと思いきや「えっ」と困惑した様子。あと2人に打診したが、「断っていいんですよね？」ということで、誰からも芳しい返事はないまま、新入社員をプロジェクトに参加させることは断念した。普段見せるやる気のある姿は何だったのかと思いました。また、今の若手社員は、「断る」ことや「できない」と言えるのがすごいですね。

※大人に囲まれて育った世代なので、大人に可愛がられる存在であることはマストです。ですが、嫌なことはしないでいいがある程度許されてきた世代なので、嫌とはっきり言う若者も多いです。

社会人と学生の違いやルールは　1つひとつ事例に出くわすごとに教えていくしかなく、これは教える、これはもういいの判断を上世代が持つことが必要だと思います。

管理職を目指したがらない

今はほとんどの企業が、若手世代が管理職になりたがらない、もっとやる気を持ってくれないか

と困っているようです。若手社員の理由は、「忙しそうな割には、いいことがなさそう。あんな働き方は嫌だ」「上司が幸せそうに見えない」「管理職になって何か得なことはあると思えないから」など。

正直、自分自身も、管理職になっていいことを感じられていなくて、1プレーヤーのほうが楽だったと思っている人も多数。社内で何もせず、「売上どうなっているんだ」と掛け声ばかりの上司にうんざりしているところもあり、若手に管理職の魅力を語ることができず、上を目指せとは言い切れないという本心もある。

※50代以上は、組織で働く＝出世を目指す・役職が上がる＝給与と待遇が上がる時代を知っている世代なので、「何言っているんだ」と反論できるでしょうが、30、40代は「確かに…」と共感できるところもあり、「管理職になることの意味」を若手に伝えられない世代でもあると思います。

故に、周りのことを考えることなく、自分の想いに素直な若手社員を、ちょっぴりうらやましく思う気持ちもあると思います。そんなすぐ上の世代を見ていたら、若手社員でなくとも管理職には魅力を感じないでしょう。無駄なことはしたくない傾向が強いこの世代は、管理職になることのメリットはなさそうだと判断、ならないを選択しているところはあると思います。

⑽ すぐパワハラだと言われそうで叱れない

若手社員を叱るのは難しい

嫌われるとやりにくくなるし、もし辞められたら自分の管理能力を問われる。だから、あまり叱らないようにしていいるけどこれでいいのだろうか…。

厳しく接するとパワハラと言われそうで、優しく接するがそれもうまくいかない。叱ると泣くから優しく接すると調子に乗る。

若手の成長のために大きな仕事を任せたが、「無理な仕事を押しつけられた」と労働局へ相談されたという例も聞いたことがある。
※実際、巷の「理想の上司ランキング」では、「叱ってくれる上司」のランキングは急降下しています。
これは、若手社員が「叱られない時代に育ってきた」からです。だからといって過剰に反応をすることはありません。あなたの時代と環境が変わったから叱り方も変わっただけです。厳しくがダメだから優しくするのではなく、毅然と丁寧に「叱る」ではなく、「伝える」がポイントです。

詳しくは第7章の叱り方の章をお読みください。

3　若手社員との関わり方の悩みを解決するヒント

変わってきた退職の理由

これまで40代前後世代からの悩みと、今の若手社員はこうなのでは？　を見てきました。新入社員の3人に1人が3年以内に離職する時代になり10年。若手社員の早期離職はもはや珍しいことではありません。

ですが、３割という比率は変わらなくても、その中身は変わってきています。普通の社員より、企業にとって必要なできる人材から辞めています。それは、ここに書いた悩みとは異なる離職理由が存在しているケースも少なくありません。

上司の姿に自分の未来を考えられなくて離職

若手社員は、打たれ弱いから、厳しいノルマやパワハラ気味の上司はＮＧと言われるけれど、自分は周りのことはあまり気にならない。自分のやることをきちんとやり、組織の成果にも貢献していた。目標は常に達成しているから、文句は言えないけれど、上司は言うことを聞かない自分を嫌っていたと思う。嫌がらせのようなパワハラはあったが、それも気にならなかった。

嫌だったのは、朝礼では「顧客のために」ともっともらしいことを言っているのに、夕方、チームの末達が見えてくると、自分は社内にいて何もしないのに、ノルマを達成できているできる社員に「もっとやってくれ」と上から目線で言ってくる。「○○頼むよ、厳しいんだよ」と素直に言ってくれたらまだ気持ち的に楽だった。

こんな人ほど出世していく現実を見て、実力や人柄関係なく上ばかり見ている人間が評価される組織で働くのは嫌だと思い、離職した。

人生を長期的に考えて離職

大学時代の専攻からやりたいことがあったが、その職種で就職は叶わず、営業職として入社した。

真面目に仕事に取り組み、冷静な判断や視点ですぐにトップセールスとなった。そうやって世間を知っていけばいくほど、やはり叶わなかった職種にチャレンジしたいという気持ちが日ごとに大きくなっていった。

自分の将来を考えたとき、営業職より、専門性を磨いていったほうがよいと判断した。今の会社にはその職種がないので、転職を決意したものの、後から将来のビジョンを社長直々に聞くことができた。それまでに聞く機会があれば相談していたかもしれない。

少なくとも直属の上司は、目先の数字を追いかけることに一生懸命で、会社の将来や自分の未来のことまで考えているようには感じなかった。待遇や社内の雰囲気には文句がなく、むしろ居心地のいい会社だった。

●まとめ

ジェネレーションギャップは、どの世代にもあるものですが、若手社員と40代前後以上との大きな違いは、時代背景だけでなく、受けてきた教育のスタイルが違うという点です。

もっとも、同じ世代同士も、ゆとり教育の入口なのか真ん中なのかなどで、お互いに大きなギャップを感じています。

「努力とは、苦手なことに取り組みできるようになること」「得意を伸ばすより苦手の克服」という教育を受けてきた世代と、家庭でも学校でも、ほめて育てる、好きや得意なことを見つけてそれを伸ばすという教育を受けてきた世代は、お互いに違うことが前提になります。

一時期、1人でご飯を食べるのは恥ずかしいからトイレで食べる若者が話題に上がりました。

私も、恥をかくことや失敗は嫌だけど、若手社員はそれ以上で、管理職の方からも「失敗してもいいからやってこいと言ってもチャレンジしない」と言う声をよく聞きます。失敗することに慣れていなくて、失敗に恐れを感じている若手社員には負け癖をつけない、失敗経験がプラスに変わる体験をさせて、自信を積み上げていくことです。

仕事ができる優秀な若手社員は、その力を最大限発揮できるように、そうでない若手社員も個性を見て適材適所に配置し、得意なことを伸ばすと、思ってもいなかった能力を発揮したり、組織に貢献できる人材に成長するかもしれません。

それは、得意なことだけに挑戦させるというのではなく、苦手なことにも少しずつ挑戦させたり克服させたりしながらのさじ加減が重要ということになります。

そのプロセスをあなたが伴走していくことで、あなた自身も成長できます。結果として、チームを引っ張るリーダーシップが若手社員の中に育ち、管理職候補が育つということになるのではないかと思います。

第2章　若手社員を理解する「10の特性」

1 若手世代の傾向と特性を知る理由

ここでの若手世代は?

ここで取り上げる若手世代とは、20〜30代前半の社員を想定しています。

今の若手は、どんな考え方の傾向があって、どんな行動を取るのでしょうか。相手と仲よくなりたいと思ったら、相手のことを知りたいと思いますよね。ここでは、今の若手世代って? について見ていきましょう。

あくまでここに書いた「特性」は、1つの傾向です。世の中にはいろいろな人がいるように、若手もいろいろな人がいます。1人として同じ人間はいません。そして、皆それぞれ自分の色めがねで世の中を見ています。世の中は、個々の主観的な思込みによる誤解と錯覚によって成り立っています。

今の若手は、2極化しているとも言われています。

できる若手社員は、入社の理由もきちんとあり、純粋な仕事への想いや忍耐力を持って入社します。精神年齢も高く、冷静に自分の人生を考えています。

若手社員の早期退職は、できない人ほど多いと言われていましたが、即戦力で活躍できる人材ほど早く辞めるケースが増えています。

この前提を踏まえた上で、若手はこんな人と決めつけて関わるのではなく、若手の傾向を知ることで、あなたの若手社員との関わり方のヒントになればいいなと思います。

若手社員が生まれ育った時代はどんな時代？

約10年と長い期間をひと括りにするには無理がありますが、あえて一言で言うならば、失われた20年という言葉に象徴されるように、１９９５年に阪神淡路大震災が起こり、１９９８年までに金融機関の経済破綻、２００８年のリーマンショック、２０１１年の東日本大震災と続き、日本国内の大手会社の倒産など、想定できなかったことが次々と起こり、バブル終焉以降、上がりそうで上がらない国内景気が続いてきた時代に生まれ育ちました。

大きな特徴は、それまでと教育が変わったこと。暗記中心の詰込み教育をやめて、無理のない教育環境で「自ら考える力」と「生きる力」を育てようという文部省の方針のもとにゆ、、、とり教育で育ちました。

彼らの親世代は、経済発展の中で育ってきました。働き盛りにバブルが終焉し、自分を取り巻く環境は大きく変わりました。確約されていた未来は不確実のものとなり、先行きがわからない時代になったと感じてはいるものの、どこか他人事で、まだ組織にしがみついていれば何とかなると思っている人が多くいる世代です。

父親は、朝早くから夜遅くまで働き、休日出勤・単身赴任などにより、いわば父親不在世代です。そのため、少子化で１人っ子も多く、母親との関係性が密です。子供を叱ることはあまりなく、子供とは友達のような関係性の親子が多いと言われています。

その親世代、若手にすると祖父母世代は、戦後の復興期を働いてきた人たちです。自分の子供には余裕がなくてできなかったことを孫にはできます。子世代がバブル終焉後一生懸命働いているため、お金も時間も余裕があるこの世代が子世代を助けています。父親不在のため、母方の両親と母との時間を多く過ごし、現役時代に自分の子供との時間が少なかったおじいちゃんと孫との関係性が深いと言えます。

過保護に育ったと言われる世代ですが、こんな時代背景に育っているので、「贅沢より安定、安心した生活」を望みます。高い給与でも、毎日忙しく不安定な気持ちで働くくらいなら、人並みの生活ができる給与でよいから、大切な人に囲まれて安定した気持ちで毎日を送りたいと思う人が多い世代です。このように欲がないので、仕事への積極性も低くなります。

2　若手社員を理解する「10の特性」

(1)　冒険や挑戦より穏やかで平穏な日々のルーティーン

世の中に冷めている

今の若手世代が生まれ生きてきた時代は、日本の景気が下向いてきてからです。同時にアジアの諸国は目覚ましい経済発展を遂げ、昭和の時代からは、日本の立ち位置が変わっています。

今この原稿を書いている時点では、新型ウイルスにより非常事態宣言が出されました。これからも、何が起こり、それが自分たちにも影響するのかわからない時代になりました。

にもかかわらず、周りの親世代より上の大人たちは、以前の日本を引きづったままです。緊急事態でも、何か対応は間が抜けていていてちぐはぐ。そんな何かアンバランスで不均衡な時代を肌感覚で感じながら生きてきている彼らは、自分と周りに一定の距離を置き、少し覚めた目で世の中を見ている人たちが多いと感じます。

精神論で育てられたあなた世代より上からすると、ある意味淡々としていて、合理的なこの世代を、世の中に冷めているとか諦めていると表現する人もありますが、決してそんなことはなく、今の自分の環境を不幸せとも思っていません。周りに忖度し、振り回されている上世代をある意味冷静に見ながら、自分の幸せを考えて生きている世代です。

彼らの多くが望む日常は

彼らは、日々新しいことに挑戦する、未知のことに挑むという、自分から動く刺激ある人生より、今の日々の営みが淡々と続いていく日々を望んでいます。

毎日決まった場所・時間で仕事をし、プライベートもだいたい同じ仲間と同じように過ごす。就職や進学でバラバラになった友人とも定期的に会い、親交を深める。争ったり傷ついたり、できるだけないように生きたい。戦いや冒険は、ゲームやバーチャルの世界で体感できます。

私は、世界を旅することが好きなのですが、「世界に興味はあるけど海外旅行は行かなくていい」という20代の男性にその理由を尋ねると、「自宅にいても、いろいろな世界の様子をオンラインで見ることができる。他国の人の日常生活とかも沢山アップされている。それで十分楽しい。高いお金を払う必要も、危険の心配もないから」と言っていました。

今はバーチャルの世界がとてもリアルです。家にいながら世界とつながり、世界の人といろいろな体験ができます。生のリアルを知っていたら、それとこれは違うことはわかるのですが、知らなければ、失敗や怖い思いをしなくても好奇心を満たすことはできるその世界で十分楽しい、そんな若者も多いと感じます。

⑵　大好きなものは自分と家族と仲間

家族、とりわけ母親との絆が強い

いつの時代も女性は、母親とは年齢が上がるほど、姉妹のような関係になっていくパターンが多いのですが、この世代は男性と母親が友達のように仲がよい。お母さんを大事にしているのだなと感じることがよくあります。

例えば、新入社員研修は、全国から集まる場合が多いのですが、翌日が休日であっても、遊んで帰るという若手社員は少ないようです。「明日は休日だけど遊んで帰ったりするの?」など声を掛けても、

「家に帰ってゆっくりしたい」とか、「母の手料理が食べたい」というような答えが返ってきます。

男性でも、雑談の中で「母に感謝です」と言った言葉がすっと出てきたり、誕生日など、母の喜びそうなものを考えてプレゼントしたり、優しいなと感じることがあります。

若手社員が転勤を嫌がる理由も、家族や友人のいる地元を離れたくないという理由が多いです。地元を離れ就職したものの、両親は地元に戻り安定した公務員になってほしいと思っていて、結局会社を辞めたケースや、転勤の打診をしたら「家族会議をするから待って欲しい」と言われたケースなど、本人のことなのに家族の問題になるケースがとても増えています。

人の採用も、親の意思が反映されるため、親向けに説明会をしたり、辞退を防止するため親を会社見学に招待したり、内定者の家庭を訪問したり、企業もいろいろな知恵を絞っています。

この世代にとって家族や親密な友人は、あなた世代よりとても親密な存在なのだと感じます。

(3)　大事なことは自身の安心・安全・心地よさ

新しいことのチャレンジはとてもハードルが高い

自分の安心・安全のテリトリーを出ることをとても怖がります。受験や人生のいろいろなチャレンジも、大人が用意してくれた範囲の中で、決められたやることをコツコツやり遂げてきた結果、手に入れたものです。

社会人になり、いきなり「これからは自分で考えて決めなさい」と言われても、準備ができていません。

「とりあえず挑戦してみよう」などの曖昧な関わり方は混乱を招き、それで失敗すると、自分の殻にこもりかねません。

若手の育成は、自転車の練習を手伝うように、最初は手を貸し、少しずつ手を離していく、それぐらいの手間と時間をかけるくらいの気持ちが必要だと感じます。

自身の安心・安全を脅かされることをとても嫌がる

友人の誕生日会を企画したり、忘れずプレゼントしたりするのも、社交的というより自分の世界を守るための気遣いだったりします。

ですから、気にいらない人は切り捨てます。ＳＮＳで一言「気に入らない」と発信されたら、名指しされた人は一瞬にして世界が変わります。自分もそうなりたくないため、お互いに気遣いをする、し合う関係性がそこにあります。

(4) 嫌いなことは不安、想定外、失敗、恥をかく、ムダなこと

ある程度予定調和で生きてきている

何をやるかわからない、何時に終わるかわからないなど「見えない」こと、想定外が苦手です。だからといって自分から動くことはせず、あくまで受け身です。環境を用意してくれたら、最高の

パフォーマンスが出せるけれど、自分からその環境をつくることは苦手というか、それに自身が意味を見出さない限り、やってみようとはならないでしょう。

また、リレーで順位をつけないとか、人前で叱らないとか、失敗をできるだけしないよう、人前で恥をかかないように、大人に配慮してもらって生きてきた世代です。

何かに挑戦するにしても失敗しない環境や状況が整えられている。または大人がサポートして部分的にトライするという感じでしょうか。

自ら未知の環境に飛び込み、失敗を恐れずチャレンジしたり、敢えて無駄なことをしてみたり、そういった体験から学ぶということをしてきている人が少ない世代です。

ストレスに弱く叱るとすぐ辞めてしまうと言われるがこれは仕事に限ったこと

ストレスに弱いのではなく、自身が望まない環境に対してNOと言っているだけです。うつ病などのストレス障害に罹患している人は、40代をトップに年配者のほうが多いというデータがあります。

若手は、自身が会社に何を求めているかを知っています。お金を稼ぐ、スキルアップしたい、社会に貢献する仕事がしたいなどの思いもある若手社員もいますが、大半は安定した職場です。

仕事は真面目にやっても、あくまでプライベートを充実させるための道具です。

自分の気分を害されるぐらいなら休む、プライベートに影響が及ぶぐらいなら辞めてしまおうとそんな感じです。

この世代はよくも悪くも合理的な考え方をする人が多い

40代前後より上は、上司の精神論や考えで動かされてきました。「気合でやれ」とか、「やれると思ったらできる」など。上司が黒といえば黒。理不尽だと思いつつも、組織はそんなものだと思っていたところもあると思います。

しかし、この世代には、精神論や論理的でない意見、筋の通っていないことは通じません。ですが、人は、自分がされてきたことは下にもしてしまいます。この世代が一番嫌がるのは、理由がわからないことをやらされること。動いて欲しいなら、あなたの精神論や意見を押し付けず、相互のコミュニケーションを図ることが大事です。

仕事は生きていくためのツール

自ら考え動ける人材を育てるために、「考える力」を育てようという教育方針で育ってきたはずですが、実際社会に出たこの世代には、「言われたことしかしない」「自分で考えようとしない」といったレッテルが貼られています。

本当にそうかというとそうではなく、実際に若手社員と話すと、しっかりとした持論や想いを持っている人が多いと感じます。彼らは、考えられないのではなく、考えないを選択しているだけです。実際に言われたことは、マニュアルがあればそれに沿って行います。

若手社員にとって大切なのは、プライベートです。仕事は、生きていくためには働かなくてはいりないから働く。だから、そこそこでいいという訳ではないですが、言われたこと以上はやらない。だからといって手を抜いているわけではなく、１００％で取り組んでいるけれど、あなた世代から上が見ると80％ぐらいに見えます。

入社時期によくある事例として、皆が忙しく残業をしているのに、いつの間にか帰っているというもの。こちらは、普段の仕事に新入社員の指導でさらに忙しくなっているのに、自分は就業時間が終わったらさっと帰るのにびっくりすると言います。

一方で、新入社員の言い分は、「皆さん忙しそうで声をかけるのは悪いと思った」「手伝うことがあるなら､言ってくれないとわからない」「定時だから帰ったのだけど､帰ってはダメなのですか?」といったもの。

彼らからすると、気を使って声をかけずに帰ったのになぜ注意されたのかわからないといったところだと思います。

(5)　想いは秘める

感情表現が少ない

若手はモバイル世代です。会話でのやりとりは少ない＝感情のやり取りも少ないということになります。

また、周りに大人が多いので、何かあれば本人より前に親や大人が先回りして手や口を出します。

もし、自身の欲求や、こうしてみたいを周りにアピールしないと自分が欲しいものが手に入らないとしたら、「いつ伝えようか?」、お父さんの機嫌がよいのはお酒が入っているときかな、お母さんには先にいつもより5割増しで「ご飯がおいしい」と言っておこうなど、どうすれば叶いやすいかを考えると思います。

そのように対面でのコミュニケーションで相手の感情や周りの空気を読み取ることをしてきていないため、喜怒哀楽を表現することが苦手とも言えます。

考えを秘める

例えば、「できない」とは言うけれど、「なぜできないと思うのか」の自分の気持ちは話しません。安定した生活のためには、安心できるコミュニティーが必要なので、自分の身の安全、心の安定を守ることにとても敏感です。そのためには、次のようにすることがベストです。

自分から先に口を開かない　↓周りを見る

自分の想いは秘める　↓相手に同調する

何なら、自分の考えはどうかなど考えないほうが、秘めるより楽だったりします。

※若手ばかりの集団に接するときに感じるのは、一見仲がよさそうだったり、営業職なら競っていたりするけれど、それぞれある一定の距離を保ち、お互いそこから入らないそんな印象を受けます。上世代でもそれは感じますが、上世代より仲よし感はあるのです。ですが、本音でぶつかり

合う感じがありません。

ある程度世の中を生きていくには、裏と表や、白と黒で割り切れない事柄もあります。組織の中で生きていくには、その要領のよさも、交渉も必要だったりしますが、そういうことが苦手だから、集団の場ではそれぞれが適度な距離感で、本音は秘めて、関わり合うやり方が暗黙知になっているのだなと感じています。

⑹　素直で優しくて真面目で不器用

ピュアで真面目で優しい世代

若手社員と雑談していて、わからないことについて質問すると、スマホで検索しながら熱心に教えてくれます。子供の誕生に「おめでとう」と言うと、プライベートな赤ちゃんや奥様の写真を嬉しそうに見せてくれます。

すぐ忘れるのでリマインドは必須ですが、課題などについては、上世代より真面目に取り組む率が高いと感じます。

不器用な人が多いと感じる

電車の中での出来事です。少し混んでいる電車にベビーカーの親子連れが乗ってきたのですが、男子学生数人が動かないから乗れません。見かねた周りの大人が「動いて」と声をかけたのですが、状況が飲み込めず、どっちに動いたらいいかわからずおろおろしていました。後ろの人が「こっち」と示しましたが、今度は距離の取り方がイマイチで、そばの人は迷惑そうでした。

若者の車離れも言われていますが、クライアント先でも、若手社員の運転スキルが度々話題に上がります。車の事故や反則切符の原因が、以前はスピード超過や一旦停止などが多かったのが、若手社員は自損であったり、車線がない道でのすれ違いの事故や、駐車時の事故など、本人のスキル不足によるものが増えているといわれていました。

不器用なところを強調してしまいましたが、大人に囲まれて生きてきているため、年配の人との付合い方はとても上手です。相手を気づかう優しさもあります。喧嘩も時にはありのような熱い深い人間関係は苦手ですが、表面的な気遣いには長けているので、職場でも素直で気持ちよい対応ができ、年長者には可愛がられていると思います。

他人にどう思われているのかがいつも気になっている

この世代の教育現場では、リレーに順位をつけない、発表会の演劇で主役は複数人、スポーツのレギュラーは実力での選抜ではなく何人かでポジションをルーティンするなど、順位をつけないことが行われていました。

けれども、どう平等に扱おうとしても「皆一緒」の関係性は成り立たず、何かしらの格差は生まれます。正当に競うことを避けたために、自然と各自のコミュニティーの中で明確なルールのないマウントが生まれやすくなりました。それぞれいつ何が理由でマウントされるのかわからないため、自然に１歩家から出ると人の目を気にした振舞いになります。万が一目立つことをして失敗したり、反感をかってしまうと、たちまち自分の立場が低くなる可能性が高まるのです。

どの世代でも周りとよい関係を維持するために、相手の気持ちを慮ったり、空気を読むなど多少は周りを気にして程よい距離感を保ちながら生きています。人間関係のいろいろを経験しながら、傷つき傷つけ合うこともしつつ、自分も相手もＯＫな関係性を学んでいきます。

この世代は、この微妙な距離感の取り方が苦手でできない人が多いです。ゆえに周りにどう思われているか？　うざいと思われる行動や発言をしていないか？　がいつも気になっています。そして、お互いに無駄な争いをしないために、尽くし合うことで快適な関係性を築くことをしているのです。

役割を演じる

学校やクラブなどは、子供にとっての社会、コミュニティーです。その中で、お互いほどよい距離で心地よく過ごすために、自然にお互いのキャラや役割を持ちます。万が一キャラがかぶったときは、どちらがそのキャラにふさわしいか自然にマウントされます。本来の自分とは別に、皆の中で自分はどんな存在と思われているか？　役割を期待されているか？　を無意識に考えています。

その立場を演じているというのも大袈裟な表現ではないと思います。

ですが、誰でも全く違う人間を演じることはできません。社会人となり、仕事上の役割を持つ立場となり、自分の強みについて考えたとき、初めて自分らしさや自分とはについて考えます。

新入社員には、「3、4歳や小学校の低学年の子供時代ってどんな子供だったか周りに聞いてきてみる」「その頃の覚えているエピソードは？」「好きだったものは？」と思春期、中学生や高校生の頃の一番楽しかった頃の自分との共通点を探してもらったりします。

自分はこんなことが好きだった、得意だったと、本来の自分と出会ったとき、皆さんとてもいい笑顔になります。社会、組織という新たなコミュニティーの中で、今までとは違った意味での自分の役割やなすべきこと、やりたいことを考える時間と1歩をつくってあげることは、今の組織においては大事なことだと思います。

(7) 欲がないわけではない

全体的にそこそこでいいと思っていても欲がないわけではない

「ムダな贅沢品はいらない」「ムダな仕事はしたくない」など、コストパフォーマンスを重視する傾向があるということです。新卒の面談や若手営業の育成に関わっていると、「誰かにありがとうと言われる仕事がしたい」との想いや、「商品ではなく自分で選んでもらいたい」などの発言を耳にします。

入社時は仕事に対してのそこまでの想いはなくても、人との関わりの中で、よい意味での欲や成長欲求や目標などが見えてきます。

誰かに貢献することで、自分の存在を認めてもらいたいと憧れはあります。ですが、相手に貢献しようとすると、こちらからアクティブに働きかけなければいけません。しかし、そこには同時に、周囲との摩擦や恥をかくなど起こって欲しくないものも起こります。それが怖くて動けない。このギャップがあります。

この世代が最も嫌うのがムダな失敗

努力はするが、実現に向けてではなく、失敗しないための努力です。その方向が少しずれているから成果になかなか結びつきません。

そのギャップを埋めていくためには、営業なら「恥をかくのも失敗も、怖がるな。まずはお客様になってくれそうな人を見つけるために、とにかく数を当たりなさい」と言うことになります。ここで大事なことは、この若手社員が安心して恥をかき、失敗できる「安心・安全な場と関係性がそこにある」ことです。そして、成功体験を積ませ、負け癖をつくらないことです。

新卒で考えると、１年目はとにかくとことんやってみることをサポートしながら、目標や目的に意識がいくように関わっていくことです。

(8)　プライドは高い

自分に自信がないわけではなくプライドは高い

周りの大人に肯定と承認をされて生きてきたので、自分のことは好きですし、自分に自信があります。

それゆえに、周りにどう思われているのか、尊重されているのかが常に気になっています。他人の目が気になるのも、失敗が嫌なのも、周りとうまくやりたいのも、プライドの高さゆえともいえます。

叱られることに慣れていない

私の世代は、本当によく叱られました。中にはハラスメントに近い叱られ方や自分の怒りをそのまま投げてくる上司もいました。今は怒りをコントロールすることが大事だとされていますが、叱ると怒る差なんて当時は誰も考えていなかったように思います。会社でも、学校でも、皆の前で平気で叱られていたような気がします。

けれど、そのときは、素直な気持ちではなかったかもしれないですが、不思議と理不尽な叱られ方をしたという記憶より、「あのとき言ってもらってよかった」との気持ちのほうが記憶に残っています。

今の若手社員は叱られ慣れていないということは、柔道などの受け身がすぐにできないように、叱られたことの受け止め方がわからないのです。投げられたら投げられっぱなしという状態です。人前で転がってしまい、恥ずかしさや悔しさが先にきます。

あなたがしたちょっとした指摘や、よかれと思ったアドバイスを「人格否定」のように受け取ってしまう可能性もあります。相手の言葉の裏側や意図を読み取る力が弱いので、相手の意図からかなりずれたところで受け止めてしまいがちです。

「失敗しないように」「叱られないように」と過ごしているので、人前で叱られたときには、恥ずかしくて次の日に会社に来られないということもあり得ます。

それゆえに、転職を考える理由として、仕事で失敗して怒られたからという理由も多いのです。亡くなられた野村監督が、「叱るのは愛情がないとできない」と言われていましたが、叱る側にもエネルギーがいります。

「叱られるとはどういうこと」という意図を伝える「一生懸命やって失敗することはカッコ悪くない」ことや、「挫折を超える」などの体験を一緒にサポートしながら関わっていくと同時に、叱られ方を教えていくことが大事かと思います。

⑼　物事の判断基準は好きか嫌い

この世代のよさは、素直でよい意味でシンプルなところです。物事の裏を読んだり、損得で動くことはどちらかといえば苦手です。好きや嫌いの基準も同じで、自分の直感や感覚です。人を選ぶときも、ものを選ぶときもほぼ同じ基準だったりします。

ですから、あなたも、あまり考え過ぎず「君と仲よくなりたいんだよ」なのか、「期待しているから、頑張って欲しい」なのか、自分の目の前の若手とどう関わりたいのかを相手に伝え、その気持ちで相手と関わればよいと思います。

私の経験からすると、結構ツンデレだなと思います。自分の気持ちで動くので、きょうはいろいろと話しかけてくるなと思っていたら、次の日は話しかけても「はい」とか返事だけ。こちらは（どうしたのか？）と心配もしますが、大体はそのときの気分なので気にしないことです。

こんなときは、少し客観的に様子を見ていると、本人のパターンがわかってくると思います。

⑽　デジタルネイティブ世代の日常

仕事でもプライベートでも、基本的に電話を避けます。

物心がつく頃に携帯電話やスマホが出てきて、ＩＴ製品に長けていると思われがちですが、タブレットやスマートフォンでいろいろなことが足りるので、パソコンの基本的な操作ができないという若手社員も意外に多くいます。

タッチタイピングができないので、何をするにも時間がかかります。ですが、オンラインツールやアプリには詳しい若手は多く、昨今の状況下では、頼りになる存在になるかもしれません。

また、固定電話に出る習慣がないので、電話の取り方がわかりません。そのため、会社にかかってきた電話は「他の人が出るだろう」と、自分から受話器を取ろうとは思いません。

理由は、大きく２つ推測されます。１つは、「自分宛の電話ではないから」という理由です。もう１つは、「電話に出る自信がないから」です。

この２つが混じっている気がします。

基本、言われたことしかしないタイプが多いので、電話の取次ぎは大切な仕事だと説明すること、失敗してもいいので場数を踏んで慣れさせること、詳しいマニュアルを用意することです。

3　この世代を活かす関わり方

この世代の特徴は天才が沢山生まれたこと

最初にも書きましたが、この世代の特徴の１つは教育現場の２極化です。結果、天才キッズと呼ばれるような子供たちも次々と現れました。メジャーリーガーの大谷翔平選手、フィギアの羽生結弦選手など、名前を挙げるとキリがないぐらいの若手が、今まで考えられなかったようなミラクルを現実としています。

最近では、ゴルフの渋野日向子選手のメジャー初挑戦で初優勝し、そしてその試合中の様子、おやつを食べたり、雑談したりが話題になりました。

ゆとり教育のプラス面は常識に囚われない伸びやかさ

この世代が育ったゆとり教育は、子供を甘やかしただけなどと散々酷評されていますが、この世代に育った人を見ると、常識にとらわれずに物事を考えられる、伸びやかで屈託のない人が多いとも思います。私は、子供時代も今もですが、得意なことと不得意なことがはっきりとしています。努力とは嫌なことに取り組むこと、苦手を克服することが学びとされてきた教育に全く合わなかった私には、好きなこと、得意なことに打ち込み、個性を伸ばすというゆとり教育がとってもうらやましく思ったものでした。

いろいろ言われることはあるものの、個を伸ばし、個を活かすということでは、成功し、次々と記録を塗り替えて、その世界で活躍する若手が多く輩出されていると思います。史上最年少プロ棋士になった藤井聡太氏と同世代か、少し下の世代はさらに楽しみな世代でしょう。

組織においても

ますます常識にとらわれない柔軟な思考をもった人材が次々と出てくると思います。最初は、扱いにくいなあとか、仕事できるのかなあと思うような社員でも、活かし方次第で劇的に変わることも大いにあり得ます。

初任給から実力主義を採用する企業が出てきていて、入社時から主任クラスより給与が上という会社も出てきているように、新入社員だから、ベテランだからという縛りはなくなり、組織の目的達成のために、必要な人材かどうかという視点で判断されていく時代になったということだと思います。

世代間のギャップはあるものの、間違いなくこれからも新たな世界観を持った若手社員がどんどん入ってきて、活躍していきます。その中で、あなたが必要な人材であるためには、まず、この若手社員を活かし、活躍する人材を輩出していくことです。そのためには、違いを認め、お互いの強みや個を活かした関わり方ができる人材になることが大事な1歩になります。

第3章　若手との付合い方の悩みは簡単に解決できる

1　あなたはなぜ若手との関わり方に悩むのか

曖昧なものを明確にするだけで悩みの大半は解決する

悩みは、曖昧で、もやっとしていてよくわからないから悩みなんです。

例えば、社内のコミュニケーションが悪いという悩み。

「コミュニケーションって何だと思いますか？」と改めて問われると、皆さん、何だろう？　となります。言葉の概念って、それほど曖昧なものです。

だから、何が原因で社内のコミュニケーションが悪いと感じるのか、実はわかっていない。わかっていないから、悩むのです。

この曖昧なものを明確にして、悩んでいる理由がわかるだけでも、悩みの大半は解決します。残った悩みが課題（解決策があるもの）になります。あとはどうしたいのか？　というありたい姿を明確にして、何をすればよいかを考えていけばよいのです。

あなたの役割は何なのかを知る

若手社員との関係性を考えるに当たり、自分の役割は何かをわかっているということは、とても大事です。この役割は、役職とは違います。

役割を分解すると、大きく次の３つに分けることができます。

・組織から求められている役割
・メンバーから求められている役割
・自分が担いたい役割

今のあなたの悩みは、どの役割に対するものでしょうか？

組織から求められる役割に対しての悩みと、自分が担いたい役割に対する悩みでは、対処が変わってきます。

・若手社員を育成しなければいけない
・若手社員を理解しないといけない
・若手社員とうまく付き合わなければいけない

それは、本当でしょうか？

あなたはその役割を求められているのでしょうか？

日々多くの組織で、40代前後の中間層の方と話していると、多くの方は自身でそう思い込み、悩みとしているように感じます。

少し厳しい言い方をすると、それを悩むことで仕事をやっている気になっている、そんな人たちも存在していると思いました。

極論ですが、もしあなたが、組織からその役割を言われていなければ、若手社員との関係が上手くいかなくても、自身の仕事に支障がないならよいわけです。

まずは、「若手社員に対してのあなたの役割は何か？」を前ページの３つの視点で考えてみてください。

もし、あなたの悩みが、自分の思込みで「〜ねば」と思っていたとしたら、それを手放すだけでも、自由に若手社員との関係性を築くことができます。

それが自身の役割だとしたら、目的を達成するために、どんなゴールを設定して、何をしていけばよいかを考えればよいのです。

あなたは若手に何を期待しているのだろうかを知る

人は誰も、無意識にも意識的にも、他者への何かしらの期待を持っています。親しい間柄であるほど、自分との距離が近くなり、自分の期待を相手に重ねてしまいがちです。

また、言わなくてもわかってくれているはずとも、思ってしまいます。ですから、自分の期待と違う相手の反応に「何で？」とまず思い、そのあと悲しい気持ちになる、イラッとする、など様々な感情が浮かびます。

相手に期待をすることは悪いことではありません。大切なことは、自分が何を相手に期待しているのかとなぜその期待をしているのかを、自分自身がわかっていることです。

それには、ぜひ「自分は何を期待しているのだろうか？」を考えてみて、出てきたものをすべて書き出してみることをおすすめします。そして、次にそれを眺めてみて、「私はどうしたいのだろう？」を考えてみます。主語を「私」にして自問することで、自分が何を相手に期待しているのか、なぜその期待をしているのかが見つかりやすくなります。

「相手をどうしたい」は難しいですが、相手のために自分は「何ができる？」「どう関わろう？」なら考えやすいですね。ベクトルを相手ではなく自分に向けてみることが大切です。

嫌われたくないという気持ちが相手を遠ざけると知る

人は誰でもそうですが、〝嫌われたくない〟という気持ちがあると、相手の顔色を見たり、言いたいことを言わないなど、相手に合わせるといった行動を取りがちです。

その気持ちが強過ぎると、普段の行動や言動にも反映されてしまい、他者に「自分がない人」という印象を与えてしまいます。

気を使って若手社員と向き合ったつもりでも、「無理に話を合わそうとしてくるのがうざい」とか、「前回と言っていたことが違う」「相手によって言っていることが違う」といった印象を与えてしまい、気を使っているのに逆に相手との距離は広がっていくことになるのです。

今どきの若手社員は、特にロールモデルとなる存在を求めているというデータがあります。尊敬できる、目指せる上司や先輩ならば、少々トップダウンでもあなたについて行きたいと思うでしょう。

無理に相手に合わせようとするのではなく、「あなたはどうしたいのか」です。自身のあり方を磨いていく姿勢、それが若手社員にも伝わります。

誰でも、人に嫌われてもいいと思っている人はいません。自分はどうありたいか、若手社員と自分はどんな関係性を築きたいのかで、相手と向き合うことをしてみてください。

若手社員から見て尊敬できる上司や先輩は？

言動と行動が一致している人、かっこ悪いところも含めて素の自分を見せてくれている人、部下の挑戦の結果に責任を持ってくれる人、全力で守ってくれる人、自身も努力している人、毎日楽しそうな人、一緒に遊んでくれる人、嘘をつかない人など、人間として魅力的な存在であることです。営業職なら結果を出している人など。（若手社員の声より）

あなたはなぜ若手との関わり方に悩むのか

悩みとは、パーソナルなものです。人は誰でも、不安・辛い・痛いといったマイナスの感情は避けたいと思います。その感情の原因が目の前にあれば、それを退けたい、解決したい、逃げたいと思います。その原因がわからないから、自分で思うようにならないと悩みます。また、一方で、何もかもうまくいっているという状態はよいはずなのですが、ふと「こんなにうまくいっていていいの？」と心理的安全のために何か悩み事をつくるという場合もあります。

もし、あなたがその若手社員とうまくコミュニケーションが取れていなくても、自分に影響がなければ悩むことはないと思うのです。

例えば、お昼を食べに入ったお店で、買い物で立ち寄ったコンビニで、若手店員の対応にイラッとすることがあったとしても、それで悩むことはないでしょう。

では、あなたはなぜ若手社員との関係性に悩むのでしょうか？　あなたの立場から来る役割や若手社員との関係性など、二者の間の利害関係がそこにあるから悩むのでしょうか。まずは、自分の悩みの素は何かに目を向けてみると、見えてくるものがあると思います。

2　若手との関係がよくなり自分も楽になる考え方

最初にすることは自分と向き合うこと

人間関係は、コミュニケーションの発信者と受信者で成り立っています。1対多の場面もありますが、基本は1対1の関係性です。また、コミュニケーションは自分と他者とのことと思うかもしれませんが、まずは「自分と自分」です。次に「自分と他者」です。

大事なのは、この順番です。まず自分は「どうありたくて、どうなりたくて、どうしたいのか」です。それに気づくことです。自分はどうしたいのかがわからないと、能動的に動くことはできません。

では、自分と向き合うってどういうことかということですが、一言で言うと自分の中のもう1人の自分との対話を意識的にするということです。

例えば、毎朝、眠いですよね。起きようか、もう少しお布団の中にいようかと思ったとき、「起きようかな、うーんあと5分寝かせて」など、自問自答した経験はないですか？ こんな風に私たちは、朝起きて「ご飯何食べよう」「服何を着ようか」から、夜寝るとき「もう寝たほうがいいけどまだゲームしていたいな」「寝たほうがいいね」まで、沢山の決断と選択をしています。

このときの「どうしようか？」を決めるときが、自分と自分で対話しているときです。

普段、私たちは、これを無意識に自問自答しながら決断して過ごしているのです。決めることを自分で決めているか、人任せか、あるいは考えずいつもと同じで過ごしているかは、人によって違います。この自問自答を意識的にすることによって、自分の大事な決断を他人任せではなく自分で決断し選択できるようになるのです。

サッカーの本田圭佑選手が、イタリアのサッカーチーム「ＡＣミラン」に移籍する際の記者会見で、「どのクラブでプレーしたいのか心の中のリトル本田に訊いてみた」という発言をして、「リトル本田」という言葉が有名になりました。後日、本田選手は、「リトル本田は、皆自分の心の中や頭の中にいる、いわゆるもう1人の本質的な素の自分だと思う」と発言されています。

自分と対話することで、自分との関係性もよくなっていきます。

自分と対話して意識的に物事を決めているとそれが当たり前になり、大事な判断をするときに自然に自分と相談して決めることができるようになります。

また、成果が出ても出なくても、「○○頑張ったよね」「あれはよかった」と、自然にできたことに目が向くようになります。そうなると、できなかったことにも前向きに、「次はどうしようか」と考えることができるようになり、失敗や人の目もあまり気にならなくなります。

テニスコーチのティモシー・ガルウェイが書いた「The Inner Game of Tennis」という本の中にも、「アウターゲーム（実際の勝負）に勝つためには、まず心の中のインナーゲームに（競技者の心中で行われるもう1つの勝負）勝つことが近道である」と書かれています。

自分自身を認め、信じ、自分が大好きで、大事にできるようになってくると、自分の軸ができてきます。他者のアドバイスや考えも上手に耳を傾けることができるようになります。そうするうちに、自分で自分の人生を生きているという実感も持てるようになってきます。

では、自分と向き合うって、具体的にはどうすればできるの？　と思われるでしょう。

自分と向き合うことは、自分と対話することだと書きました。

対話をする一番の方法は、自分に質問することを、意識的にやってみることです。

「眠い、あと少し寝る？　起きる？」「朝ごはん何食べる？」「洋服は何を着る？」「明日の飲み会行く、行かない？」などの自問自答を無意識ではなく意識してみる。

コツは、簡単な問いでよいということです。まずは、自問自答を意識的にやってみて、無意識ではなく、意識的に決めて動くことを習慣化してみてください。

自分と向き合う時間を意識的につくることもおすすめです。日本には、「瞑想」という文化がありますが、自分と向き合える環境や時間をつくり、目を閉じて、自分の内側を感じてみるだけでも、自分と向き合うことはできます。

相手を変えるから自分を変えるにチェンジする

あなたが誰かのことで悩みがあったとします。このときに、人は無意識に異なる2つの考え方のどちらかを選んでいます。

一方は、「相手が○○だから」と、原因は相手にあり、相手が○○すべきだと思う考え方。「どうすれば相手は○○してくれるだろうか?」と、相手をコントロールする方法を考えます。

ですが、人は、自分の期待どおりの反応を返してはくれません。何においても、自分が思ったとおりにならないので、「何であいつはいつも同じことばかり言わせるんだ」や「何であいつは考えて動かないんだ」と相手にイライラし、「いつも自分ばかり相手に合わせている気がする」「自分はいつも損をしているのでは」とモヤモヤしています。

もう一方は、その事実に対して「自分はどうしたい?」と考えて、「こうなりたい」を基準に、自分の行動を選ぶ考え方です。相手をコントロールする方法ではなく、自分に焦点を当てて、「自分はどうしたい?」で、自分はどうするかを決めます。常に主体が自分にあります。

そうすると、相手が自分の期待どおりの反応でなくとも、残念だな、困ったなとは思いますが、イライラしたり、腹が立ったりしません。

こんな風に、相手をどうするか？　は難しくても、自分はどうしたい？　そのためには何をする？　なら方法は見つかりやすいです。こんな風に考える人は、他人や状況に振り回されないので、感情も穏やかで余裕があります。

例えば、子供が勉強をしないという悩みの場合を考えてみましょう。

前者だと、「どうすれば勉強させることができるのか？」と考えます。方法を考え、子供にそれをやらせようとしても上手くいきません。

「どうしてあなたは言うことを聞かないの？」と無理にやらせようとすればするほど、相手も「言いなりにはならないぞ」と強く抵抗します。そのうち同じような状況になりそうだと思ったら、あらかじめ逃げ出したりするでしょう。

若手社員が主体的に仕事をしないと言う悩みの場合も同じです。「主体的に仕事をさせるにはどうすればいいか」と考えて、やらせてみても上手くいかないのは、「自分はどうしたいのか？」という本人の気持ちや考えがそこにないからです。主体的に仕事をさせたいと言いながら、あなたが自分の思うようにコントロールしようとしているという矛盾がそこに生まれていることを、多くの人は気づいていません。

当たり前ですが、行動するのは本人です。人によっては、指示されたことは指示する相手によってはするかもしれませんが、そのことしかしないでしょう。

また、「主体的に動けるためのアドバイスをしよう」と、どれほど相手のためと思って時間を費やしたとしても、本人が望まないアドバイスの有効性は3割以下と言われています。そして、私たちは、自分のことを変えよう、思いどおりにコントロールしようとする人を本能的に遠ざけます。こちらが何とかしようと思えば思うほど、関係性は悪くなります。

あなたはどちらのタイプですか？

イソップ童話の「北風と太陽」の話をご存知ですか？　北風と太陽が、通りすがりの若者のコートをどちらが早く脱がすことができるか勝負するというストーリーです。北風はコートを脱がそうと必死で風を吹かせます。若者は、コートを脱ぐどころか、寒さを感じ、余計コートの前をギュッと閉じます。一方で太陽は、ただ何もせずポカポカと若者を照らします。若者は、暖かくなり、自らコートを脱ぎます。それと同じです。

あなたは、北風と太陽のどちらだと思いますか？

ほとんどの人は、「相手は、自分が思ったとおりに動いてはくれない。相手を変えることはできない」と頭ではわかっています。自分も誰かにコントロールされたくないと思っているからです。

ですが、「こうしてほしい」「こうなってほしい」という想いが強ければ強いほど、「こうしたほうがいい」と口を出したくなり、指示をします。つい自分の思うようにしたいと、「何かよい方法はないか」と考えてしまうのです。そして、北風のようにビュービューと風を送ってしまうのです。

自分と向き合い、自分と対話ができる人になってくると、「できない若手ばかりで、数字なんて上がるわけないよ」から、「今の状況で、自分にできることは何だろう？」と考えることができるようになります。

「若手が何考えているかわからない」も、「若手が何を考えているか、知るためにはどうしたらいいだろう？」と、自分の課題として捉えることができるようになってきます。

こんな風に相手を何とかしようから、自分はどうしようかと思考が変化してくると、他者や周りの状況に振り回されることが少なくなってきます。

思考も、他人を何とかできないとなっているので、人を変えようという気持ちも薄れていきます。同時に、自分を変えようと思わなくても自然に変わっている自分に気づくはずです。

相手と意見や考え方が異なっていても、「相手を変えよう」から、「どうすればよい状態になるだろう」と考え、そのためにエネルギーを使える人になっていきます。

相手をコントロールしない自分になるには、まず自分を知り、自分との関係性を整えていくことから始めてみましょう。

とはいえ、他者に「○○であってほしい」と期待することは、自然な気持ちであり、それ自体は問題ではありません。自分の身近な人や大事な人に、何とかしてあげたいと思う気持ちや、期待する気持ちは誰にでもあります。

とても素敵な思いやりのある大事なマインドです。

大事なことは、相手への期待が行き過ぎるとコントロールに変わるということ、期待を伝えることコントロールすることは、コミュニケーションの取り方が違うということです。

若手社員のことを本気で想う

若手社員との関わり方に悩んでいる方に話を聞くと、「○○のことを思って言っているんだよ」「期待しているから言っているんだよ」や「自分も若いときにそれで失敗したからさ」などの言葉をよく聞きます。そして「それなのに…」と続きます。

自分の気持ちが相手に届かないのは歯痒いですね。

相手のことを本気で想うということは、自分の中にある、相手への期待や心配、何とかしてあげたいと思う気持ちで、それ自体は悪くないと先ほど書きました。

私たちは、大切な人であればあるほど放って置けないし、期待もするし、自分の理想と重ねてしまいます。人を想う気持ちは素敵です。

ただ、その気持ちが行き過ぎると、相手を何とかしように変わります。期待することが、期待どおりにならないことを許さないという状態です。「部下の○○がそうなってくれたらいいなぁ」が、「そうならなくてはならない」に、ついなってしまうのです。

そうならないためにどうすればいいか。それは、1度、相手の立場に立ち、「○○はどうしたいのだろう?」「○○の気持ちはどうなのだろう?」と考えてみることです。

選択権は相手にあると、今のあなたならわかっています。ですから、「どうしたいの?」と相手に尋ねてみて、戻ってくる答えを受け止めてみることです。

相手の「わからない」という答えも選択の1つです。わからないを受け止めることをあなたも選択します。わからないままで相手がいいと選択し、あなたが受け止めても、受け入れることはありません。

何でもＯＫではなく、次は、あなたがどうしたいかを自分で選択します。あなたがそれを困ると感じたら、相手にそれを伝え、「どうすればいいか」を一緒に考えればいいのです。

ちなみに、受け止めると受け入れるは違います。受け止めるは、相手はそうなのかと、相手の考えも尊重するということです。受け入れるは、言葉どおり相手の考えを自分も受け入れ同調するということです。

私たちは、自分を操作しようと関わってくる人は「嫌だ」と避けようとしますが、自分と本気で関わろう、よい関係を築きたいと努力してくれる人には「心地よさ」を感じ、心を開きます。ここからお互いが信頼し、尊重し合える関係性がつくられていきます。

3　若手社員のポテンシャルを引き出すパートナーシップの考え方

くるりと意識を変える

人は何かを学ぶ1つのやり方として、身近な人のやり方を見て、覚え、真似します。ですから、あなたが上からの関わり方で学んだスタイルで、下と関わろうとするのはごく自然なことなのです。

例えば、あなたが年功序列・縦社会の組織で、上司に上が黒と言えば黒、根拠のない精神論で日々叱咤激励されるという関わり方をされてきたとしたら、自分もまた同じようにしかできません。ですから、遅刻すれば叱り、泣いたら「それぐらいで泣くな」と怒ります。あなたからすると当たり前のことで、「すみません」と謝るだろうと思っています。

しかし、若手社員は次の日から会社に来ません。「パワハラだ」と言われるかもしれません。だからと言って優しく接すると調子に乗ります。

若手社員と40代前後以上の世代の間には、時代背景だけでなく、受けてきた教育のスタイルが違うという大きなギャップがあります。

家庭でも、学校でも、ほめて育てる・好きや得意なことを見つけてそれを伸ばすという教育を受けてきて、親子の関係も友達のような関係で、親にも先生にも叱られた経験がほとんどない今の若手社員には、精神論もトップダウンも通用しません。くるりと意識を変える必要があるのです。

どちらが先に心のシャッターを上げるのか

人は、無意識に、この人は自分にとって安全な人かどうかを判断して、心のシャッターを上げる、上げないを判断しています。

今の若者は、自身の安全安心・他者との関係性について、あなた世代以上に敏感だと私は思います。

面倒なこと、自分が傷つくことは避ける傾向にあるので、自分から心を開くことは少なく、相手を見て対応している感じがします。大人のほうが多い環境で生きてきていますから、生き抜くための駆引きの多くをしてきていないため、対人関係もさほど器用ではありません。

同世代同士だと双方がそうなので、一見友人・同僚同士仲がよさそうに見えても、お互い相手のテリトリーに入りません。一定の距離感を大事にしています。

職場においては、必要最低限のコミュニケーションだけ、プライベートはそこそこなど、人を見て付合い方を考える、その時々で判断するといった器用さはあまりないので、常に誰とでも一定の距離感で付き合う。これが彼らのコミュニケーションだと感じます。

それゆえに、あなたが若手社員と関係性をつくりたいと思ったら、相手をコントロールしよう、逆に気に入られようなど、何かしらの意図を持たないで、まず向き合うことが大事です。

関係性がない状態で、無理やり相手の心に入ろうとすると、完全にシャッターを下ろされてしまいます。ここは少し年上の余裕ということで、今のあなたのまま自然体で相手と向き合い、自分から相手に興味を持ち関わるところから始めてみてください。

すると想像以上に、自分のことを話すことにびっくりするかもしれません。逆に、リアクションが少なめかもしれません。そこは、自分に素直な世代です。若手社員の性格なのかそのときの気分なので、気にしないでおきましょう。質問すると答えてくれるけど、相手からの質問は返ってこない…。そこはしばらく待ちましょう。

相手と貴方との間に提携関係（パートナシップ）が築けてきたら変わっていきます。

パートナーシップ（提携関係）という考え方

若手との関係性の基本ポジションは、上からでもなく下からでもなくフラットがおすすめです。2人で横並びに座り、映画やTVなど同じ映像を一緒に見ている感じをイメージしてください。2人の間の距離は、お互いが心地よい距離です。基本は横にいて、時には後ろから押す、前から引っ張るそんな感じでしょうか。

関わり方は、人それぞれタイプが違うように、得意なスタイル、不得意なスタイルが皆違います。立場によっては、不得意なことも克服してやっていく必要はありますが、不得意な関わり方を無理にするよりも、自分の得意な関わり方を知り、それを活かして関わったほうがあなたも相手もハッピーでよい関係性が築けます。

あなたの得意な仕事の進め方、リーダーとしての関わり方はどれですか？　反対に苦手なものは？

あなたの特性を参考にしたり、普段の仕事を思い浮かべて見てください。

〈仕事の進め方〉

・自分が先頭に立って、どんどん指示を出していく
・仕事のスケジュール、役割などを計画し、それぞれに分担してもらい進めていく

・皆を巻き込みながら、ワイワイ進めていく
・皆が仕事をしやすいように環境を整え、サポートしながら進めていく

〈リーダーとしての関わり方〉
・知らないことを教えるティーチング
・能力を引き出していくコーチング
・やり方を提案するコンサルティング
・一緒にやってみて指導するトレーニング

ここで注意したいのは、スタンスの基本は横並び（フラット）と書きましたが、トップダウンがダメなわけではありません。「ついてこい」が得意な人もいると思います。若手の特徴として「尊敬できる人」や「ロールモデルになる人」に出会いたいと思っている人も多くいて、そんな人にはむしろ「叱ってもらいたい」と思っているのです。

また、逆に、素直に弱さを見せることができる、間違ったときは謝れる、そういう人にも尊敬を感じます。

そこには、あなたの相手への想いがあることは必須です。

あなたがもしそんな存在であるならば、時にトップダウンもよいと思います。ただ、常にトップダウンの指示型であると、人は育ちません。自分で考え、自分で動く若手社員が育たなければ、あなたはいつまでたっても自分の仕事を若手社員に移管できず、あなたのすべき仕事ができません。

若手社員が育つことは、組織の成果とイノベーションにつながります。若手社員が育たなければ、あなたも組織も困ります。自分の得意なスタイルと役割を知り、それを活かしながら、相手を育てる視点で関わってみてください。

相手のためではなく自分のため

転勤が嫌なら辞める、やりたくない仕事はしない、怒られたら会社を休む、今の若手社員はあなた世代から見ると組織や上司への忖度なしに、自分たちのありたいように存在しているように見えます。

そんな若手社員のために、組織のために、自分の関わり方を変えると考えると、ちょっぴりうらやましい？　もしくはやっていられないという気持ちにもなるかもしれません。

ですが、どうでしょう。これから先、あなたの次の世代を担うのは、間違いなく今の若手世代です。そして、その世代とともに、少なくとも、あと20年ぐらいは共に働いていくのです。

これからますます何が起こるのか誰もわからないことが増えていき、変化のスピードも早く人の数も減っていきます。今の若手のポテンシャル次第で、これからのあなたの30年も変容するのです。

それなら、少しでも彼らの成長に力を貸すことで、あなたもまた、働きやすくなることを選択したほうが賢い選択だと私は思うのですが、どうでしょうか？

ここまで書いてきたように、あなたの悩みや課題は、自分事にすることで解決に向かいます。人の思考や行動の仕組みがわかれば、あなた自身も若手の行動も理解することができます。その上で、あなたの役割は？　あなたが若手とどういう関係性を築きたいの？　によって関わり方を変えていけばよいのだと思うのです。

とはいえ、あなたも、あなた世代も、自分がされたことがないことはわかりません。そこで、本書を読んでいただきながら、今までのあなたの関わり方に新しい手法を1つプラスしてみてはどうでしょう。

まずは自然体で、構えず、あなたから心のシャッターを上げてみてください。

今、あなたが若手社員との関わり方を変えてみたとしても、劇的にすぐ関係が変わることはないでしょう。相手の反応が変わるのには、それなりの時間がかかります。そして、それがお互いの関係性が今よりよくなり、パートナシップができるまでにはさらに時間が必要です。

普段、あなたから若手社員に挨拶をしていないのに、急に明日から「A君おはよう」と声をかけたとします。もし、あなたがA君ならどうでしょうか。嬉しいと思うかもしれませんが、「急にどうしたんだろう、何かあるのかな」と疑心暗鬼になるかもしれません。

いつ相手があなたに心を開いてくれるかは、相手次第です。関係性をつくるのに、特効薬はないので、あなたはそれが日常の当たり前のやりとりになるよう、淡々と続けていくことです。関係性は、小さなことの積重ねでつくることができます。ですが、ちょっとしたことで壊れてしまいます。それぐらい人と人の関係性はデリケートです。つくって、少し壊れて、手直をして、その積重ねで、少しずつ丈夫で堅固な土台がつくられていきます。

あなたは、なぜ若手との関わり方に悩むのか、何がどうなればいいと思っているのか、それはどうしてか、自分にとってどんなよいことがあるのかを明確にしておくことが、遠回りのようですが近道になります。

悩みの解決の第1歩は悩みを知ること

もやっとした悩みの塊を小さく分解していくことで、本当の課題や解決の糸口が見えてきます。ポイントは、目の前の悩みに対処しながら、本当の課題は時間をかけて解決していくことです。

自分の悩みを知るには、誰かに話を聞いてもらうことが有効です。話すだけでも、頭の中が整理できた、すっきりしたという経験は誰でもあると思います。これには、自分の話をアドバイスや遮ることなくとことん聞いてくれる人が必要ですので、1人で気軽にできる方法もご紹介します。

〈ワーク〉悩みを解決する自分で簡単にできる方法

思いつくまま「悩んでいること」を付箋などに書き出すというシンプルな作業です。

① 頭に浮かんだ言葉をどんどん紙に書き出していきます。単語で構いません。思いつく限り書く、

吐き出す感じです。

②　もうない…という状態になったら、それを少し客観的に眺めてみます。自分ではなく、他の誰かが書いたものという意識で眺めるとうまくできます。

共通する言葉をグルーピングして、出てきたものを整理していきます。

付箋なら、同じグループ同士集めたり、並べます。ノートなら色ペンで線で結んだり囲うとわかりやすいでしょう。

③　ここで、いったん、作業は終わります。忘れない程度に1日ぐらい寝かせておきます。寝かせることで、主観から客観へ視点が変わります。

改めて「自分の悩みは何？」という視点でその紙を見てみます。眺めるのがポイントです。

この作業で、悩みと思っていたものが、そうでもないと思えたり、そこに答えがあったり、悩みの共通点が見つかったりします。書き出すだけで沢山あると感じていた悩みも、半分ぐらいになります。

悩みを解決するための関わり方３つのポイント

悩みを解決するための関わり方のポイントは、次の３つです。

①　精神論で話さない

あなた世代より上は、何かと精神論で仕事を指示されてきたと思います。目標数値の根拠はなく

「とにかくやりきれ」、未達なら「努力が足りない」、風邪で休んだら「気合が足りていないからだ」など。

何か理不尽だと思っても、組織とはこんなものと思ってやり過ごしてきていると思いますが、今の若手社員に精神論を押しつけると引かれてしまいます。

② 自論を押しつけない

昭和型の組織は、上が黒といえば黒でした。「自分たちの時代は」「自分はこうしてきた」が物事や行動の判断基軸でした。

今の若手社員は、合理的で論理的、なぜそれをするのかが明確でないと動けません。わからないままやることにとてもストレスを感じます。仕事を教えるときも、なぜ、何が、何を、どうするとなるべく論理的に説明することがコツです。

③ 失敗を責め過ぎない

ストレス耐性がないわけではないのですが、失敗をする経験が少なく、プライドも高いため、失敗を責め過ぎるとすぐ辞めてしまったり、休職となりがちです。注意をするときは、場所や仕方に気を配ることが大切です。

第4章　若手社員とよりよい関係性を築くために

1　コミュニケーションって何だろう

コミュニケーションとは

あなたの若手社員との関わり方というコミュニケーションの悩みを解決するために、「コミュニケーションとは、そもそも何だろう？」という大きな概念から考えていくことにしましょう。

コミュニケーションという言葉を辞書で引くと、「自分の想いや考えを相手に届けること」と書いてあります。相手に届けるですから、自分から相手への一方通行という捉え方です。実際に、私たちの身の回りにあるコミュニケーションツール、例えばテレビやラジオや雑誌も、発信側から受信側へ情報を届けるという一方通行です。

一見、双方向のツールのような電話やメール、ＳＮＳ、オンラインツールなども、言葉以外の感情や相互理解といった深いレベルでのコミュニケーションと考えると一方通行です。

私たちは、日常の中で、自然にこの一方通行のコミュニケーションに慣れています。今の若手社員世代は、特にそうです。彼らの他者とのコミュニケーションツールの主流はＳＮＳです。

誰かに連絡を取りたいとき、自分の都合でメッセージを送り、自分の都合で返信をする。自分の都合がいいときに自分が伝えたいことを発信し「いいね」をもらう。誰かの投稿に、「いいね」や「コメント」を残す。

ゲームなどバーチャルな世界でのつながりも、一見、ここに相手とのキャッチボールのようなやりとりがあるように見えますが、それぞれ参加したいときに参加し、その場にいる人とつながる。自分の投げたいボールを投げ、受けたい人が受けたいように受けている。そういった一方通行のコミュニケーションです。

けれども、もし組織の中のコミュニケーションがこの一方通行だとしたら、どうでしょうか？連絡や報告は、相手が見たかどうかは関係なく、自分が伝えたらそれでＯＫ、相手からの依頼メールも、見たことを伝えなくてもＯＫなど、一方通行でよいとしたならどうでしょうか。

もしかしたら、メールが迷惑メールに入ってしまっているかもしれません。伝えた日時や場所を書き間違えていたかもしれません。こんなふうに、情報の行き違いが現場の中で起こり、多分いろいろなことがうまくいきません。

コミュニケーションとは対話（カンバセーション）である

そこで、私は、人と人との関係性においてのコミュニケーションは、自分の想いや考えを相手とやりとりすること「対話すること」と定義してお伝えしています。

この「対話」とは、２人の人間が、自分の考えや感情を交換し合うことです。一方が自分の考えや感情を発信し、もう一方はそれに対する反応を返します。その反応を受けて、また相手は自分の発信の仕方を変えていきます。この繰返しが、双方向コミュニケーションです（図表１参照）。

【図表１　コミュニケーションとは】

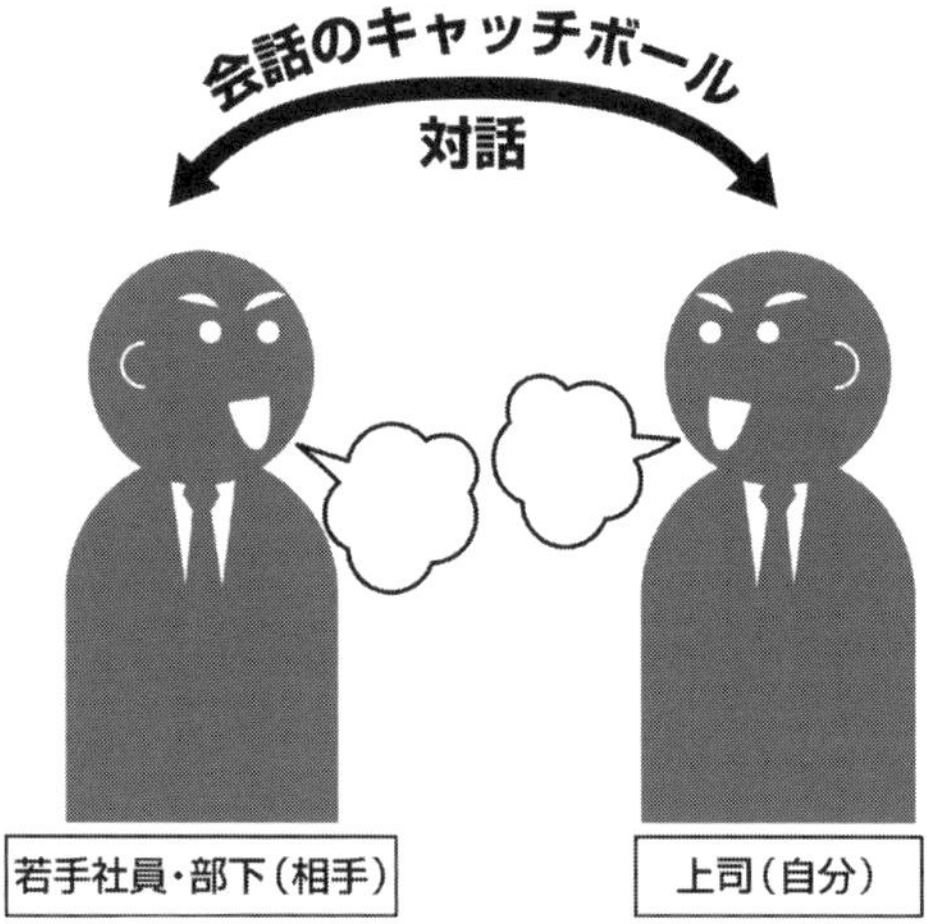

もし、あなたが、若手社員と自分も相手も成長できる関係性をつくりたいと思っているのなら、ぜひコミュニケーションの考え方を、一方通行から双方向へと変えてください。

さらに、コミュニケーションは、双方向のやりとり「対話」と書きましたが、やりとりするのは「言葉」だけではありません。大事なのは、その後ろにある「感情」のやりとりです。

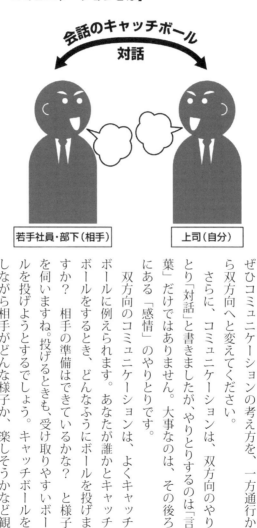

双方向のコミュニケーションは、よくキャッチボールに例えられます。あなたが誰かとキャッチボールをするとき、どんなふうにボールを投げますか？　相手の準備はできているかな？　と様子を伺いますね。投げるときも、受け取りやすいボールを投げようとするでしょう。キャッチボールをしながら相手がどんな様子か、楽しそうかなど観察していますね。

双方向の対話も同じです。相手の様子を見なががら、お互いがボールの変わりに「言葉や言葉以外のもの」をやりとりします。

これが、一方的に自分の考えや感情を届けるコミュニケーションだと、キャッチボールではなく、ボールをお互いにぶつけ合うドッジボールになります。

ドッジボールだと、自分が誰にボールを投げるか相手に知られては困ります。相手の隙を見て、思いっきり相手が受け取れないボールを標的の相手に投げます。

もし、あなたと若手社員とのやりとりがキャッチボールではなくドッジボールだとしたら、関係性はどうなるでしょうか？

今、あなたが若手社員との関係性に何かしら悩んでいるとしたら、このやりとりがキャッチボールではなくドッジボールになっているのかもしれません。

ならば、これを双方向に変えていけば、「関係性」は今よりぐんとよくなっていくはずです。

どうして、うちの若手社員は、何を聞いても、「はい」としか言わず、言葉が返ってこないのか。

なぜ、「わからないことは聞いて」と言っているのに、何も聞いてこないで勝手にやってしまうのか。

どうして？　なぜ？　と考えてみても、答えは相手の中にしかないので、わかるはずはありません。ですが、「どうすれば若手社員とキャッチボールができるようになるだろうか？」を考えてみることはできます。「相手が受け取りやすい球はどんな球だろうか？」も考えてみることができますね。

人は、他人を変えることはできませんが、自分のボールの投げ方や投げる球を変えることはできます。何も言わず、突然ボールを投げられたら、相手もびっくりしますが、「Aさんいくよ」と声をかけてくれたら、受け取る準備もできます。ちゃんと投げる人を見て、ミットを構えてくれるでしょう。そして、相手も同じように、「投げるよ」という合図をして、あなたが受け取りやすいボールを投げるでしょう。

こんなふうに、あなたのボールの投げ方が変わってくると、相手の受け取り方や返し方も変わってきます。この目に見えないキャッチボールが、あなたと若手社員の間に行われることが、双方向コミュニケーションになります。

2　関わり方やスキルの前にまず関係性の土台をつくる

スキルの前に大事なこと

この章では、相手との関係性の築き方について伝えていきます。私が所属する国際コーチ連盟が定める基準では、関係性を築くということについて、「クライアントと共に信頼と安心感をつくり上げること」と規定されています。

あなたが若手社員と関係性を築きたい理由は、いろいろあると思いますが、仕事を共有している仲間として、若手社員が育つことがあなたの仕事をやりやすくすることは間違いありません。

そのためには、お互いが沢山話すことが大事ですが、あなたなら自分のことを他者にどれくらい話しますか？　家族、友人、会社の人…、相手によって話す内容や深さは違うと思います。けれども、表面的なものだとしたら、沢山の時間を共有したとしても、関係性も表面的なものになってしまいます。

あなたと若手社員は、お互いのことを知りません。知らない人に自分のことはあまり話そうとは思わなくないですか？　例え関係性があっても、人は自分の大事な話は秘めます。それぐらい自分のことを相手にオープンにするのは、誰でも怖いものなのです。

まずはお互いに、お互いの性格や価値観、過去のこと、今のこと、環境、考え方、わからない状況から関係性を築いていくことになります。このときにもっとも大切なことは、お互いの間に「信頼」と「安心感」が醸成できているかどうかです。これがあなたと若手社員との関係性の基盤（土台）になります。あなたが若手社員の上司だとしたら、この関係性があるかないかが、若手社員育成の肝になります。

関係性の土台づくりには「信頼」と「安心感」がカギになる

少し想像してみてください。どんな立派な家を建てたとしても、土台がきちんとできていないところに建てると、どうでしょうか？　何かあればすぐ壊れてしまいます。人と人も同じです。どう関わるかの関わり方も大事ですが、その前に、あなたと若手社員の間に、関係性の基盤（土台）「信頼」と「安心感」をしっかりつくることが先です（図表２参照）。

【図表２　関係性の土台】

組織において、働き方改革・チームビルディング・リーダーシップなど様々なテーマの課題がありますが、それらもこの土台の上に成り立ちます。

また、人と人は、感情の生き物なので、小さな行き違いでこの土台は綻びができます。家の土台と違うのは、綻びが出たら、繕うことができることです。したがって、この繕い方を知っておくことが大事です。

あなたの相手への向き合い方（ボールの投げ方）が変わってくると、自然に相手のあなたへの向き合い方が変わったなと感じるときが来ます。長期間受講者の方とご一緒すると、「相手が変わりました」「周りの雰囲気が変わってきました」という感想をよく言われるのですが、それはその方が変わり、周りの相手の反応が変わり、周りが変化していったのです。

いろいろなノウハウ本を読んでみて、若手社員への話しかけ方を変えてみたり、様々やってみたけれどうまくいかなかった。それは、順番と一番大事なことをやっていなかったからです。

こんなふうに、順番と向き合い方を間違えなければ、あなたの関係性の悩みは解決します。スキルよりも、先に大事なことがある。それがわかると、いろいろな悩みが解決するヒントが少し見えてきたのではないでしょうか。

3　若手社員との「信頼関係」を築くヒケツ

信頼＝好き＝正しい

「信頼」を辞書で引くと、「ある人や物を高く評価して、すべて任せられるという気持ちを抱くこと」とあります。「信用」が誰からも間違いないとされるものとするなら、「信頼」は個々の主観によるものです。そして、その反対は「不信」です。

この判断の源になるのが、好きか嫌いかの直感的な感情です。好きなものは正しい、嫌いなものは間違いとなります。

例えば、食べ物の好き嫌い。「納豆」を例にあげると、納豆嫌いの人は「嫌いだ」と言うと、納豆好きな人に納豆がどれほど体によいか、美味しく食べられる方法を教えられ、食べたほうがいいとアドバイスされます。

研修の場面で、「アドバイスされたことある人？」と質問すると、納豆嫌いのほとんどの人が手を上げます。つまり、納豆が好きな人にとっては、「美味しくて、体によく（正しく）、それは信頼できる情報」なのですが、嫌いな人からするとその反対ということです。

信頼と不信を分解すると、次の式が成り立ちます。

・信頼＝好き＝正しい
・不信＝嫌い＝間違い

これを人で考えてみると、もし、あなたが上司や先輩に肩を叩かれ「もっと頑張れ」と言われたとします。

好きな上司や先輩なら（素直に頑張ろう）と思うけれど、嫌いな相手だったらどうでしょうか？（痛いな、人の肩を馴れ馴れしく叩くな）こんな感じでしょうか。

こんなふうに、人は同じ行為をされたとしても、相手によって感情が変わるのです。

そこで、信頼関係をどう築こうかと悩む前に、次の質問に答えてみてください。

深く考えず思いつくまま書き出していくことがコツです。

・自分が部下なら、好感を持つ上司や先輩はどんな人？
・自分が部下なら、嫌だと感じる上司や先輩はどんな人？

出てきたものを眺めて見て、まずは、自分が好感を持つと感じる振舞いをする、自分が嫌だと感じる振舞いはしない、とすればいいのです。

これはあなたの主観で、若手社員とは違うかもしれません。ですが、まずは自分がされて嬉しいことをし、嫌なことはしないことが大事になります。

「どうすれば信頼関係を築けるか」は大変そうですが、「自分なら」はできそうではないですか？

まずは、あなた自身が相手にこの気持ちを抱くときは、相手が自分にどんな風に接したときかを考えてみてください。

心のシャッターを上げる共通点探し

人は、自分と似ている人や物に関心を示すと言われています。あなたもこんな経験はありませんか？


子供の頃、転校生がやって来ました。皆、新しい仲間に興味津々です。どんな子なのだろう？

そして、誰よりも早く友達になりたいと思います。全員がそうではないかもしれませんが、少なくとも、どんな子かなと興味はあったはずです。そのとき、あなたの頭の中で何が起きているかというと、自己紹介を聞きながら自分との共通点を探しているのです。

・「私は３人兄弟の長女で」↓（私は２人兄弟だけど長女だ）
・「好きなことは友達と外で遊ぶことで、今は縄跳びです」↓（私も縄跳びは好き）
みたいな感じです。

そして、休み時間になると、皆がその転校生を囲み、口々に、
・「私も長女よ、一緒だね」

・「うちも3人兄弟」
・「皆、縄跳びが好きで、休み時間やっているよ。一緒にやろう」
などと話しかけます。

人は、相手と共通点が見つかることでグッと心理的な壁が下がり、相手との親近感が増します。私たちは、子供の頃はこんなふうに、相手との共通点をこじつけでも探して友達と仲よくなろうとしていたのに、大人になるといつの間にか「あいつとは考え方が違うから」など、無意識に違いを探します。だから仲よくなれない、理解し合えないなど、関係性がつくりにくくなるのです。

もし、あなたが目の前の若手社員との関係性をよいものにしたいと思うなら、あなたと若手社員との共通点を探してみてください。

「あなたと私の共通点はどこだろう？」と自問すると、自然に相手への興味も湧いてきます。職場の雰囲気がよいのと悪いのとでは、発揮できるパワーの大きさが違います。人は、何か行動を起こすとき、「何をやるか？」とともに、「誰とやるか？」も重要視します。だからこそ、組む相手との関係がいいほうが、いい結果が出やすくなります。共通点が見つかれば、それまで苦手だと思っていた相手とも、心理的な距離が近づきます。

新しいチームができたとき、途中で新しい社員が入ったときなどに、「自分たちの共通点は何だろう？」と質問をしてみると効果的です。

相手の物語に興味を持つ

例えば、あなたが目の前の相手とよい関係性を築きたいと思ったら、相手のことを知りたいと思いませんか？

誕生日、生い立ち、家族、趣味、仕事観など（この人ってどんな人なのだろう？）という興味です。

あなたの身近なメンバーを数名思い浮かべてください。いくつ答えられますか？

・誕生日
・住居
・家族構成
・趣味や休日の過ごし方
・生い立ち
・夢
・強み
・弱み
・モチベーションが上がるポイント
・モチベーションが下がるポイント

全部答えられた人、半分以上答えられた方は、その人ときっとよい関係性ができているはずです。

その人との向き合い方を他者に応用してみるのもいいかもしれませんね。

大半の方は3割以下ではないでしょうか。それぐらい職場の関係性は相手に踏み込まない＝興味を持たないで成り立っているのです。

まず、相手という人をつくっているその人の物語に興味を持ってみてください。立ち入ってほしくないところもあるので、例えば、次のような相手が話しやすいことを話題にして、若手社員がとことん楽しく話せる時間をつくってみてください。

・「○○さんが一番楽しかった年代っていつ？」

・「一番楽しかったことは何？」（頑張ったこと、面白かったこと）

人は、誰でも、自分のことに興味を持ってもらえるとうれしく、その相手にも興味を持ちます。一番楽しかった、頑張ったなどと本人が感じる時代の話に興味を持ってもらえると、認められたという気持ちになり、あなたへの好意も増します。

若手社員にとことん話をしてもらったら、

・「私のときはね…」

と、少しだけ自分の話もしましょう。ちょっと面白く話してください。つい、そのまま説教や自慢話、長くなる人もいるので気をつけて。若手社員7割、自分3割くらいと思っておくとちょうどいいと思います。

ただし、聞き方や話す場所は大事です。

今までそんなことを話題にしたこともないのに、仕事中に突然そんな話題をふられたら、相手はびっくりしますよね。昼食時や雑談をしているとき、飲み会のときなどにさりげなく「ところでね…」と聞いてみてはどうでしょう。

あなたの会社の中の、休憩スペースや喫煙スペースなど、仕事中にちょっとブレイクできるスペースはどこでしょう？　そんな場所での雑談なら、自然に会話が進みやすいですね。

大切なポイントは、相手が楽しく話せているということです。面接のようなこちらが主体の一問一答のような聞き方や、刑事の取調べのようにならないように。また、相手がアドバイスを求めない限り、意見やアドバイスもいりません。相手が話したいように話してもらう、しっかり相手の物語に興味を持って耳を傾けてみることを意識してやってみてください。

コミュニケーションは、「質×量」です。ちょっとした立ち話、すれ違い様の雑談で、相手の物語に触れてみることからだと、簡単に始められそうではないですか？

相手の大事なものを大事にする

若手社員との間に関係性ができてくると、厳しい叱責やフィードバック（あなたが見えていて若手社員が見えていないことを伝える）をしても、相手は素直に受け取ることができるはずです。

ですが、ここで気をつけることは、相手の価値観やバックボーンから来る大事なもの、考え方は、否定しないことです。ちゃんと尊重した上で叱る、フィードバックすることが大事です。

先ほど、共通点を探すと書きましたが、人と人は皆違うから、同じではないから、共通点なのです。その違いを尊重することを忘れないことです。

もう1つ、若手社員の大事なものを（私は知っているよ、私も大事だと思っているよ）ということを相手に伝えることも、相手との関係性においては有効です。

例えば、星野仙一監督が監督時代に、選手だけでなく選手やスタッフの奥様の誕生日や記念日を調べて、花束を送っていたという話は有名です。

シーズンになれば、選手は長期に家を空けます。あなたがもし選手の奥様だとしたら、夫だけでなく、自分たちのことも気遣ってくれる監督なら協力しようと思いますよね。この気持ちが、選手だけでなく家族も巻き込んだ大きなチームをつくることにつながり、選手が安心して野球に専念できる環境ができたのではと思いました。

今の時代だと、パワハラと言われてしまうぐらい熱い指導をすることで有名でしたが、選手もスタッフもその人たちの大切な家族も大事にされる監督だったのですね。

ここで大事なことは、プレゼントを送ることではなくて、「相手との会話の中で、相手が大切だと思っていることを覚えていて、それを話題にする」ことです。それが相手の信頼感を増します。

例えば、何気ない雑談で、「来年、子供が小学校なんですよ」という話が出たら、それを覚えていて、その時期に「入学式はいつなの？　楽しみだね」と話題を振ります。「そういえば、来月、奥さんお誕生日なんでしょう？　何かプレゼントとかするの？」と話題にしたり、相手が野球好きなら、好きな球団が勝った翌朝「おはよう、昨日、勝ったね、おめでとう」と声をかけたり、小さなことでいいんです。

日常の雑談の中で、少し「この若手社員の大事なものは何？」にアンテナを立てておく。それを覚えておいて話題にする。

トップセールスの人たちは、お客様との雑談の中で拾った情報をメモしている人も多いですね。それだけでも、若手社員との関係性が変わっていくと思います。よかったらやってみてください。

信頼は壊れやすい

信頼関係は、すぐ築くことができますが、壊れやすいものでもあります。大事なことは、壊れたときにどう対処すればいいか知っておくことです。難しいことではなく、ここまでに書かれていたことを、「ちょっとまずいかも」と思ったら、丁寧にやることをおすすめします。

人は、慣れるという性質を持っています。人と人の関係性においてこれがマイナスに出ると、相手と仲が深まるにつれ「少しならわかってくれるだろう」と甘えが出てしまい、相手との関係性の取扱いが雑になっていきます。

親しくなることで、相手の領分につい土足で入ってしまい、それに気づかないこともあります。それで、「しまった！」という経験をしたことは、私もあなたにもあるかと思います。

「親しき仲にも礼儀あり」という言葉もあるように、関係性ができていくと同時に、こんなふうに相手と接してしまうこともあると心得ていておくとよいかと思います。

信頼関係は、小さなことを積み重ねていくことが大切ですが、時に脆いものでもあるということです。関係性が深ければ深いほどこじれるとややこしくなります。

「話す場所」と「真実」には密接な関係がある

コミュニケーションをとる場所も大切になります。人には安心できる場所（ホーム）と緊張する場所（アウェイ）、その中間の場所の3つがあります。

野球やサッカーなどの試合でも、ホーム＆アウェイと言う言い方をしますね。ホームとアウェイのどちらが実力を出しやすいか考えるとわかりやすいと思います。

組織でも、上司が部下に話があるとき、上司のデスクに部下を呼ぶと、部下はアウェイ感を感じ「注意されるのではないか、何か言われるのではないか」と緊張し萎縮してしまいます。

反対に、上司が部下のデスクに行って話しかけたとき、部下は正直にいろいろと話をしてくれやすくなります。

部下にとって、自分のデスクはホームなので、リラックスして心を開いて話すことができるからです。

このように、コミュニケーションをとる場所によって、コミュニケーションの質が変わります。

例えば、その場での注意が必要なときは、相手の席に出向いて注意する。そのほんの一手間が、あなたの仕事のパフォーマンスに影響するとしたら、簡単なことなので、ぜひ習慣化してください。

ちなみに、オンラインでの面談は相手との距離感がありますが、お互いに自分の安全な場所で話していることや、リアル感が少ない分、逆に本音が言いやすいなどのメリットもあるようです。

ある会社の工場では、会議室で会議を行うよりも食堂で行ったほうが意見が出やすいということがわかり、会議の場所を食堂に変えました。

社員にとって安心して話せる場所がどこかを考えた結果、食堂となったのです。会議室は、普段、工場で作業をする社員にとってはアウェイになるからです。

話す場所を食堂に変えてからは、意見が活発に出るようになり、業務の改善率も会議室で行っていたときより上がっていきました。

何より社員から自主的にどんどんアイデアが出るようになり、自然に工場の運営を社員自らが主体となって行われるようになりました。

コミュニケーションも仕事のうちと考える

私の世代は、叱られるときは上司の都合で叱られるもので、場所や時なんて選んでもらえませんでした。相手にとって安心安全な場所で叱られたほうが、叱られた後のモチベーションや結果が違うなんてことは考えてももらえず、すべては叱る側次第でした。

今の時代、それではマネジメントが上手くいかなくなってしまいます。

管理職の方にこの話をすると、なるほどとは思うけれど、若手に気を使って話す場所を選んだり、話す時間をとる余裕はないなと言われる方もいます。けれど、それがあなたや組織の仕事のパフォーマンスに関わるとしたらどうでしょうか？　部下との時間を取ることも仕事の時間であり、あなたの役割と捉えることが大切だと私は思います。

実際にyahooでは　上司の仕事は「1on1（面談）である」と言っています。

また、時間がないと言われる方の多くは、コミュニケーション＝長さだと思っています。しかし、コミュニケーションは質×量です。

短い時間であっても、ポイントを押えて日常の中で相手との関係性を築いておくことができれば、必要な面談のとき本音で話すことができます。その時間を表面的なものではなく、お互いに有効で実りある時間にすることができます。

4　個性を失くすから活かす時代

人の能力によい、悪いはない。どう活かすかだけ

「誰だって才能がある。だが、魚が木を登る能力で自分を判断しようとしたら、その魚は一生自分はダメでバカな存在だと思って生きることになる」──これはアインシュタインの名言です。

大人になり、この言葉に出会ったとき、もっと早くこの言葉に出会いたかったという気持ちと同時に、とても救われた気持ちになりました。

私自身が、これに気づかず、随分長い間、自分の苦手なことに支配されてきたからです。

私は、小さな地方都市で生まれ育ちました。得意なことと不得意なことが両極端な子供でした。小学校時代は、冬になると毎日あるマラソンや運動重視の学校生活に嫌だなと思いつつも、好きな音楽に打ち込みながら、子供らしい日々を過ごしていました。

中学生になると、その生活は一変します。日本の教育、地方の小さな都市では、オールマイティにすべてができることが進学においても何においても優先されました。英語や国語が全国模試で上位に入っても、数学や理科は苦手。致命的に不器用で運動も苦手。大好きだった音楽もピアノも色褪せていきました。

ただ、救いだったのは、本を読むことが好きだったこと。この時間は、誰にもジャッジメントされず、私は想像の翼を広げ、自由に好きなところに行き、なりたい自分ややりたいことを想像できました。

すべてに自信がない不安定な時期でしたが、この想像力と根拠のない「いつかは…」という秘めた想いと、いろいろな困難や挫折の中でガーンとなりながらもくじけずにやってきたことが、大人になりようやく自分の得意なことを活かせる環境と出会うことに繋がりました。結果、溜めておいたいろいろな形のピースが少しずつ揃い、今こうやって自分がパッションを感じること、私の才能を活かす仕事に出会えました。

この経験もあって、私は、私が出会うすべての人の才能を一緒に見つける手伝いする。その人が自分の人生では主役を、そして誰かの人生では名脇役として、スポットライトを浴びて自分らしく生きていく。それを応援する人でありたいと思いました。

今からの時代は、ますます正解がない世の中になります。いろいろな人の能力の掛合せが必要になります。若手社員それぞれの個性豊かなピースを、あなたの組織の目指すカタチにどう活かしていくか、それが上司の大きな役割になってきているのです。

若手社員の20代は有限で、これからの人生に影響する貴重な時間

私の子供時代は、圧倒的に情報を得る手段が少なく、自分でどうすることもできないことも多かったけれど、今は自分さえ動けば沢山の情報が簡単に手に入ります。

私の体験は、今すべて経験として生きているけれど、人の時間は有限です。もう少し早く、「自分の個性や才能は？　それを活かすには？」にたどり着けていれば、あれとこれはできていたなとは思います。

人の人生の大半を決めてしまうような出来事の8割は、35歳までに起こると言われているそうです。30代半ばまでのキャリアの10年間が、その人のその後の人生に深く影響するのです。

脳は、20代のうちに1度整え直され、そして人生最後の2回目の成長をぐんとするのだそうです。

今まさにあなたの目の前にいる若手世代はその時期です。

あなたも、その若手社員も、皆違う才能を持っています。違うからわからないは当たり前です。

その違いを活かし合って異質なメンバーの才能を掛け合わせて仕事ができるのと、その違いに目を向けない人事配置で仕事をするのとでは、どちらが幸せでしょうか。仕事の生産性も上がり、成果も上がるのはどちらでしょうか。

若手世代が、今、自分の才能や活かし方に興味を持つ、自分の価値を高めるようなことをやってみたいと思う、自分の理想の将来について考え投資する、そのために周りとの繋がりを大事にしよう、そうやって自分の時間を有意義に過ごそうという姿勢は、仕事への向合い方も周りへの接し方も変わってくるはずです。

それは、あなたの仕事のしやすさや悩みの解決でとどまらず、組織にとってもよい刺激になります。この関わり方が、お互いがお互いを活かし合い、成果を出し続ける強い組織をつくることの土台にもなります。

5　脳の個性による思考のクセで若手社員を活かし伸ばす

人間には「利き手」と同じく「利き脳」が存在する

人の違いを分析する方法はいくつかありますが、ここでは「効き脳」（思考特性）を使った、個々の違いを分析する方法をご紹介します。

あなたの利き手（腕）は左右どちらですか？　人間には、利き手（腕）や利き目があるように、

【図表３　効き脳】

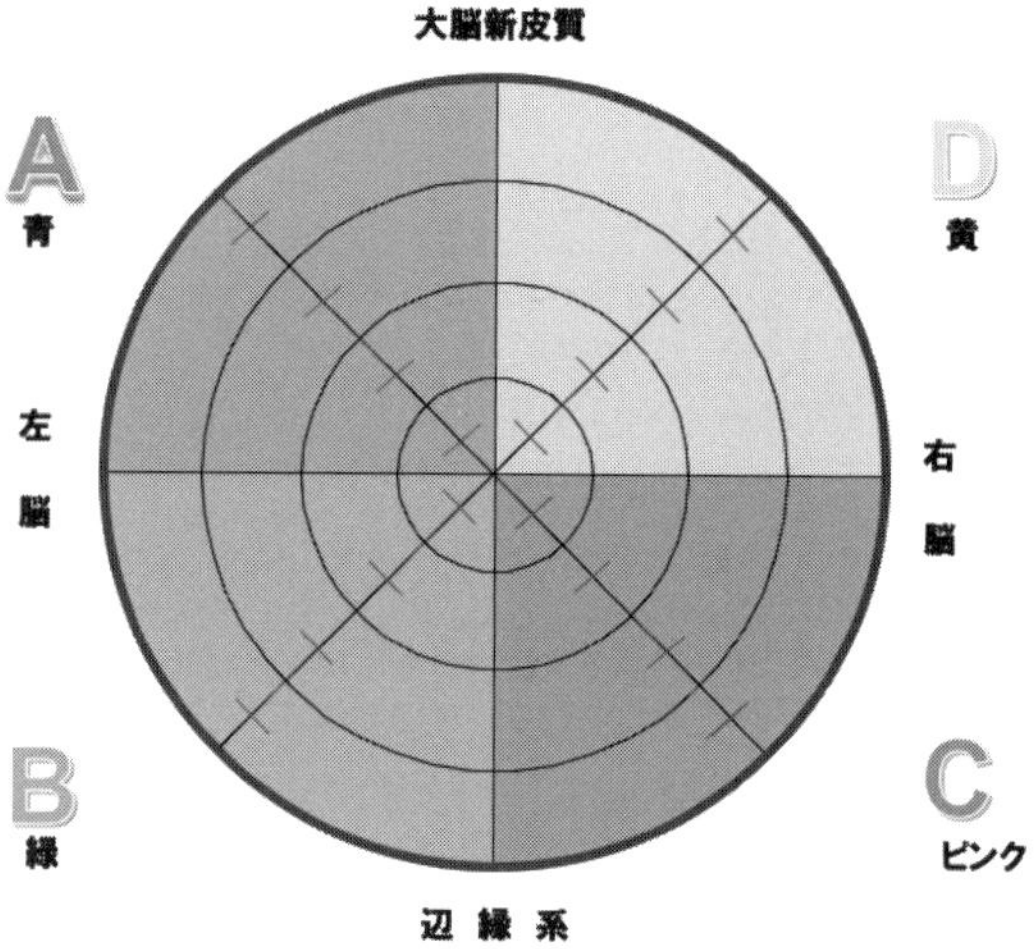

私たちの脳にも無意識に反応しやすい「効き脳」があります。

脳は、大脳新皮質の左右と辺縁系の左右４つの部位で構成され、それぞれに異なる機能を担うという考え方があります。どのエリアが優先的に働くかが、その人の思考特性となって現れるのです。

自分の思考特性に合った活動であれば、人は苦痛を感じることなく高いモチベーションで、長時間集中することができます。つまり、勉強や仕事に身が入り、成果を上げやすくなります。反対に、自分の思考特性に合っていない行動は、苦手意識が生じるため、やる気も起きにくくなかなか成果は上がりません。

学習スタイルを例に上げると、塾に行く・マンツーマン・通信教育といろいろな方法が浮かびます。私は、何度か通信教育にチャレンジしたことがあるのですが、１度も最後までやり遂げられたことがありません。

最後までやり遂げられる人と私のような人との分かれ目は、決められた学習計画に沿って物事を進めていくという通信教育の学習スタイルと自分の思考特性が合っていなかったということなのです。

「いつでも、どこでも、自分のペースで受講できるからいいかも」とつい思ってしまうのですが、「いつでも」はなくて、最後まで続きません。唯一単発のものは、すぐ受講できますから、思いつくとすぐやりたい私の思考には合っていて効果を発揮しています。

こんなふうに、自分の思考特性に合っていない学習スタイルだと、いくら「根性でやり遂げよう」と思っても難しいのです。

まとめて学習して提出をしたり、形として完了できても結果は努力に見合いません。こんなふうに自分の思考特性がわかっていたら、自分に合った「無理のないスタイル」を見つけることができます。

あなたの効き脳をチェック

この効き脳を知ることによって、思考特性に合ったワークスタイルや、効果的な働きかけ、お互いの違いを尊重し合う土台がつくれるので、数多くの企業で人材育成ツールとしても活用されています。

普段は、フォルティナ株式会社が提供する「効き脳診断」を使っていますが、紙面上では行えないので、正確ではありませんが簡易なチェックシートを載せています（図表４参照）。あなたも、ぜひやってみてください。

【図表4　チェックシート】

チェックシート

A

- □ 具体的な事実に基づいた判断をする
- □ 合理的に議論し、理路整然と話をする
- □ 問題を切り分け、解決するのが得意
- □ 単刀直入にものをいう
- □ 正確な数字を求めたがる
- □ 相手に説明することを好む
- □ 客観的に物事を判断する
- □ 曖昧な表現はしない
- □ 結論から話したがる
- □ 知的なことが好き

D

- □ 話題が豊富で飛躍したり脱線する傾向がある
- □ 物事の全体像を考えるのが得意
- □ 変化に強く対応力がある
- □ 新しいことに興味がある
- □ 比喩的表現やたとえ話が好き
- □ ものごとに飽きっぽい
- □ リスクを気にしない
- □ 新しいアイデアを考えるのが得意
- □ 直感的に物事を理解する
- □ 複数の活動を同時にこなせる

B

- □ 計画と手順に従う
- □ 整理整頓が得意
- □ 仕事の段取りが得意
- □ 物事の細部にこだわる
- □ ルールや規則に従って仕事をする
- □ リスクを避ける傾向が強い
- □ スケジュール通りに物事を進めたがる
- □ 時間を守る意識が強い
- □ ルーティンを継続するのが得意
- □ 前例に従って実行する

C

- □ 人の気持ちを察するのが得意
- □ 感情表現が豊かである
- □ 人の話を聞くのが好き
- □ チームで仕事をするのが好き
- □ 友達は多い方である
- □ 人に教えることが得意
- □ ボランティア精神に富んでいる
- □ 愛情深い方である
- □ 対人関係は友好的である
- □ 人から頼まれるとなかなかノーと言えない

A	個
D	個
B	個
C	個

出所：フォルティナ株式会社「効き脳診断」

診断方法は、A～Dそれぞれの設問の当てはまるものをチェックしてください。上位1位、または2位までが、あなたの効き脳エリアになります（5～6以上のチェックが目安）。チェックが少ないところは、あなたの苦手領域です。また、すべて同数の場合は、バランス脳タイプです。

1つの特性が高いという人もいれば、3つぐらい同じという人もいます。

●チェックをするに当たっての注意点

◆違いは優劣ではなく個性

人の血液型は大きくは4つに分けられますが、何型が優れているとかの優劣はありません。人によって異なるだけ。

同じように効き脳も優劣ではなく、1人ひとりの思考特性（特徴）を示したものです。「Aタイプの人がBタイプより優れている」とか「AB2つが上位のほうがAだけより能力的に優れている」とかそういうことはありません。

◆思考特性は変わる

この診断は、1度行うとずっと同じものではありません。

私たちの脳は、トレーニングによって、年齢にかかわらずその能力は向上できるということがわかっています。また、診断したときの環境や仕事の内容によって、どの部分を多く使っているかによっても変わります。「先天3割、後転7割」と言われていて、環境やトレーニングによっても変化します。

◆誰もが４つの特性のすべてを持ち合わせている

普段意識をしていない状態でどのタイプをどれだけ使っているかの割合が人それぞれ違うだけで、優劣はありません。人によって4つのタイプの割合が同じくらいという人もいますし、1つのタイプが飛び抜けている人もいます。

結果を見てみましょう

診断されてみてどうでしたでしょうか。

この診断は、人間の脳を4つのタイプに分けていますが、大きくは左右2つ、上下の2つに分かれます。

左脳が優位なAとBは論理的、分析的で、理性的な思考です。

右脳が優位なCとDは直感的、視覚的、感情的で、表現力が豊かです。

上下は、人間の思考にとって重要な部分「大脳新皮質」（脳の上層部）「辺縁系」（大脳皮質の内側）のどちらをより使うのかを見ます。

「辺縁系」は、原始脳と言われていて、感覚や感情や記憶を司り、「大脳新皮質」は、進化した脳と言われていて、理性や知性、事実認識を司ります。

そのため、大脳新皮質エリアのAとDのタイプは物事を認知的にとらえ、辺縁系エリアのBとCのタイプは物事を情動的にとらえるという特徴があります。

この思考特性の違いによって、人はそれぞれ理解・納得するポイントが異なってきます。

「何で、私の言うことが理解してもらえないのかな？」「どうしてそうなるの？」――あなたにも、どうしても相容れない人がいるかと思います。

お互いの考えていることが手に取るようにわかるいわゆるツーカーの仲といわれる人もいれば、時間をともにしても右のように理解できない、共感できない相手がいるのは、効き脳（思考特性）のタイプが違うからです。

では、この違いはダメなのかというとそうではなくて、お互いの思考特性を知り、違いを理解できれば、お互いの違いを尊重し合える関係性の土台がつくれます。

「なぜ？」「どうして？」とカチンとしても、この人は自分とは思考特性が違うんだと考えることができたら、怒りはおさまり、「どうすれば効果的なコミュニケーションがとれるだろう？」と考えることができます。

また、同じような思考特性の人ばかりだと、メンバーの居心地はよいのですが、得意なことも不得意なことも同じため、組織としては上手く回りません。

6　あなたの思考タイプは？

青Ａ＝理性的で論理派

論理的、合理的、客観的に物事を考えるタイプです。

数値や客観的なデータを読み解く力に長けています。今、「お財布にいくら入っている？」や「通帳残高は？」をちゃんと把握できているのもこのタイプの特徴です。

物事の全体像を正確に捉えて、ゴールに向かい筋道を立てて、そのプロセスを自分のペースで進んでいくことが得意です。

また、チャレンジ精神がとても旺盛で、常に自分で高い目標を掲げてスキルアップ、レベルアップしていくタイプです。

自分の強みを活かし上手くいくコツは、「相手は今どんな気持ちだろう？」と相手の気持ちに寄り添ってみることです。

【得意なこと】

- 「なぜ」という探究心を追求できること
- 「採算は取れるのか」「効率的に進めるにはどうしたらいいか」「細部にモレはないか」と筋道を立て検証しながら行動する
- 問題を見つけ、その原因をいち早く見つける
- 探究心を活かし、新しいことにもアンテナを張って、仕事にフィードバックする
- どんな場面でも論理的にわかりやすく話す

【特徴】

- 興味の対象は人や感情より事柄

・感情は控える、表情はポーカーフェイス
・人の言葉より専門家の研究結果やデータなど、事実や根拠あるものを信頼する
・矛盾や納得できないことはとことん追求したい。理由を納得しないと動かない
・これはメリットがあるかないかを見分ける

【注意】
・相手にも自分と同じ高い目標を求めてしまう
・理屈っぽい、内容が難しいと言われてしまう
・ドライで冷たそうな印象を与えてしまいがち

【Ａタイプの若手社員との効果的な関わり方】
◯仕事を依頼するとき
理由を納得しないと動かないところがあるので、まず根拠と理由を説明します。理論やデータなど納得されやすくする材料を入れると伝わりやすくなります。

・ＮＧ
「Ａさんだからお願いしたいんだよ」や「力になって欲しい」などの言葉や、情に訴えるような言葉は響きません。

むしろ、あなたが話し過ぎることで、「何が言いたいのかわからない」となり逆効果になります。現実的なので、自分がそれをやるメリットを感じてもらうことがポイントです。

依頼内容は、要点をまとめて「いつまでに、何を、どのようにしてもらいたい」と端的に伝えます。

○仕事の任せ方

課題を与えられると集中して自分のペースで進めることができるので、若手社員のレベルに合わせて任せる範疇を決め、要所、要所で関わります。

何事も納得しないと進めないところがあるので、「根拠は何ですか？」「それは事実ですか？」と聞いてきます。そのときは、曖昧な表現ではなく、理路整然と話すことを心がけます。事実をもとに、今後の予測や仮説を立て、それを理由として話します。

一緒に目標を立てるときは、数値化し達成レベルを明確に共有します。

緑B＝計画的で堅実派

実直・規則を守る・コツコツ・段取り上手なタイプです。

我慢強く、自分のペースで最後までやり抜くことができるため、通信教育を利用して資格取得するなど、自分の決めた目標達成を粛々と行う、自分をコントロールする力を備えています。

また、自分の強みを活かしてうまくいくコツは、「この人のやり方は？　ペースは？」と、相手のことを考えてみる。少し余裕を持って、周囲との協調も意識してみることです。

【得意なこと】

・綿密な計画を立て、それを実行すること
・締切、納期、時間を守る

・几帳面、物事の整理整頓が得意
・正確性が求められるデータ入力や経理が得意
・マニュアルに沿った業務や運営が得意
・ケアレスミスがほとんどなく、細かい仕事が得意

【特徴】
・旅行をするときなどは、「旅のスケジュール」をつくり、分刻みで予定を決める
・新しいこと、未経験は苦手、過去の経験に基づき行動することを好む
・ルール、予定、計画など、あらかじめ決められたことに基づいて動くことが好き
・リスクを避け、確実に目的を達成しようとする。組織運営に向いている
・突発的な変化に弱く柔軟な対応は苦手

【注意】
・「きっちりしている人」とのイメージの反面、「細か過ぎる、融通が利かない」印象もある
・人にも同じやり方を押しつけてしまうところがある
・規則を破ったり、秩序を乱す人に対して厳しい

【Bタイプの若手社員との効果的な関わり方】
〇仕事を依頼するとき
指示されたことはきちんとこなしますが、反面、それ以外はやらないという一面もあります。依

頼の仕方は、業務指示として、社内ルールや手順に従い、端的に伝えます。

突発的なことには弱いので、「ちょっと、これだけど」とあなた都合での依頼が頻繁だとストレスを感じます。

頼み事はあらかじめまとめておき、5W1Hで理解を確認しながら順番に伝えます。仕事の納期はなるべく時間的余裕を持って伝えます。
○仕事の任せ方
コツコツ、きっちり、決められたことは最後まで責任を持って取り組みます。仕事のクオリティも高いため、周りからの信頼も厚いです。ただ、言われたこと以外はしない、融通が効かない、相手を管理しようとする傾向もあります。

チームを任せられるようになると、きちんと段取りを組み、きめ細かい指示を出し、丁寧でクオリティの高い成果を上げられるようになります。細かいことが得意な分、全体の方向性や進捗を俯瞰するのは苦手なので、そこをフォローしながら、必要に応じて進捗の確認や声がけをするのがよいでしょう。

ピンクC＝友好的で感覚派
共感力が高く、感情豊か、誰に相談したらいいかを直感で判断する、人間関係重視のタイプです。
感情表現が豊かで、自分の想いや考えを丁寧に表現することも上手です。

相手の様子を見ながら、おしゃべりを楽しむことができるタイプです。

自分のことより他人のことを気遣う優しさを持っています。仲間と協力し、良好な人間関係を築くことができるので、周囲のサポート役を担うことができます。

人間関係を重視するあまり、自分がどうしたいかをないがしろにしがちです。「自分はどうしたいの？」と自分に問う習慣をつけ、時にはＮＯと言うことを決めて実行してみることが強みを活かしながら上手くいくコツです。

【得意なこと】

・人に関する直感力がある
・人と人との関係性を重視し、人の気持ちを察することが得意
・他の人のサポートをすること
・相手を巻き込みながら、チームで何かをつくっていくこと
・人を喜ばせること

【特徴】

・相手の考えを重視する。「皆はどう思う？」などの発言が多く、自分の意見を言わない
・自分から決断するのは苦手
・「ありがとう」や「Ｃさんのおかげ」と言われるとモチベーションが上がる
・人の目や意見が気になる

・話は長く物語のように話す。事実と感情が混じる

【注意】

・仕事でも人の好き嫌いで判断、苦手な人との仕事はやる気を失う
・感情的な態度や発言をしがち
・共感性が高いため、人の言葉を真に受けやすい
・自分の意見を我慢する傾向がある
・NOと言えない

【Cタイプの若手社員との効果的な関わり方】

○仕事を依頼するとき

まず、名前を呼び、「Cさん、ちょっといいかな。実は頼みたいことがあるのだけど」と、あなたの力が必要なんだということが伝わるように、相手の感情に届くように話します。

重要なポイントは、復唱し確認します。最後は必ず「わからないことはいつでも聞いて」とサポートすることを伝えます。

○仕事の任せ方

仕事のペースはあまり早くありませんが、関わり方次第で早くも遅くもなるタイプです。任せきりにせず、途中「どう進んでいる?」という声がけ、感謝、ねぎらい、勇気づけを多めに伝えます。抱え込みやすいので、時折、話を聞いてあげることも大事です。話は、最後まで相談に乗るよう

に聞いてあげることが大切です。

感情優位で好き嫌いで判断することが多く、１度こじれると対応が難しい一面もありますが、誰とでもフレンドリーな関係性をつくることができ、チームやお客様と豊かな関係性をつくることができます。伝達事項、説明事項は、端的にわかりやすく伝えることを指導しましょう。

黄色Ｄ　＝創造的で冒険派

新しいアイデアが次々浮かび、行動も早い、直感型のタイプです。アイデアがどんどん出てくるクリエイティブな人です。

特徴は、行動も、発言もスピィーディー。何にもとらわれない自由なマインドと直感（これまでの経験から得られる物事の本質を的確に捉える力）が源泉なので、その行動は周囲を常に驚かせますが、前例にとらわれない発想で、リスクを恐れず、新しいことや難しい局面に遭遇しても、果敢にチャレンジします。

身振り手振りを交えて相手を巻き込みながら話します。「ドーンと」「ドキドキ」「ワクワク」など、擬音語を交えながら表現豊かに話します。

アイデアを実現していくためには、地道な作業も必要と心得ること。時には立ち止まり、周りを見渡す余裕を持つことが、Ｄタイプの輝きを活かすコツです。


【得意なこと】

・新しいことや、あまりやっている人がいないことに挑戦するのが好き
・話題が豊富
・「何かアイデアない？」と言われると、次々にアイデアが浮かぶ
・直感で物事を判断すること
・様々なことに興味や関心があり、好奇心が旺盛なこと
・常に同時進行

【特徴】
・アイデアややってみたいことが浮かんだら、すぐ行動に移すけれど、飽きるのも早い
・細かい作業や地道な作業は苦手
・「とりあえず」「こんな感じで」「適当に」と言った発言が多く、じっくりよりスピード重視
・未来志向で少々のことではへこたれないポジティブさがある
・リスクを恐れず、どんどんいろいろなことに挑戦する
・主語は自分

【注意】
・集中力が続かないため、ついうっかりのミスが多くなります
・思ったことが口からすぐ出るため、悪気はなくとも、相手を傷つけていることも
・興味の対象が次々に変わり、一貫性がなくルーズな印象を与えることもあります

・自分が輝きたい、楽しいが大事な人なので、つい周りのことを忘れてしまい、チームの和を乱す存在と見られて周囲から浮いてしまう可能性もあります。

【Dタイプの若手社員との効果的な関わり方】

◯仕事を依頼するとき

詳細は、必要最低限。目的とやることを明確にシンプルに伝えます。指示されるより自分で考えたいので、「◯◯ってどう思う？　考えてみて」など、自分で考えられる余地を残します。細かく綿密な話より、ビジュアルで比喩的な表現を使います。そのほうが本人のやる気がアップします。適度に褒めることでモチベーションを維持します。

期限は、「いついつまでに」と伝えるより「大体これくらいだけど、できそう？」とオープンクエッションで確認したほうが、自主性を尊重された感じがしてやる気になります。ちなみに期限は、本来の締切より余裕を持って伝えます。

◯仕事の任せ方

あれこれ指示されるのが苦手です。任せられる範疇を決め、本人の裁量で自由にさせたほうがよさを発揮します。アイデアが沢山出る、新しいことを生み出す特性を生かし、自身で目標を決めさせます。進捗については、細かく管理するのではなく、時々適度に褒めてモチベーションを維持します。

伝達事項は、短く、わかりやすく、必ず「理解できている？」の確認を挟みます。上下関係をわきまえない、規則を守らずルーズなところもあるので、目に余るときはきちんと指導します。

直してもらいたいことは、短い言葉で伝え、「理解できた?」「あなたはどう思う?」とオープンクエスチョンで確認します。

違いを知って、違いを活かす

自分と相手の思考特性の組合せによって、コミュニケーションの難易度は大まかに4つに分かれます。どれがいいとか悪いとかではなく、タイプや強みが違うということです。

一番コミュニケーションが取りやすいのは、同じタイプ同士、次が縦・横同士、一番取りにくいのが対角関係です。

同じタイプ同士は、お互いの考えていることが話さなくても何となくわかります。コミュニケーションも容易で、価値観を共有できる関係です。初対面で意気投合して時間を忘れて盛り上がれます。お互いに心地よく仕事ができてよさそうですが、このタイプばかりのチームだと思考が別の思考スタイルに切り替わらないため、視野が狭くなり、新たな視点を見つけることが難しくなります。同じタイプ同士だと、皆着眼点が同じなので、偏った判断になっていても気づかない欠点があります。

ご紹介した効き脳は、あくまで1つの考え方です。この特性によい、悪いはありません。違いがあるだけです。よくわからないと思っていた若手社員も、自分とタイプが違うんだということになれば、少し理解が進みます。若手社員のよさを活かし、気持ちよく働いてもらうことが、結果あなたのストレスを減らします。その1つの考え方として活用してみてください。

第5章　若手のやる気を引き出す関わり方

1　心構え

若手社員の真実は常に隠されている

第3章で、人と人におけるコミュニケーションは、「双方向の対話」だとお伝えしました。

対話とは、2人の人間が、自分の考えや感情を情報交換することを指しています。一方が情報を発信し、もう一方は受信します。「それに対する反応」を発信して…と、お互いの反応を受けて、それぞれが考えや話し方を変えていきます。目に見えない感情のキャッチボールです。

なぜ、これが大事かというと、例えば、あなたが若手に何か指示を出したとします。
・あなた（発信）「わかりましたか？」
・若手社員（受信）「わかりました」
通常は、これで終わることがほとんどだと思うのですが、それだとどうでしょうか。受信側の若手社員は、受け取った情報について様々な思いが浮かんでいます。もしかして、「言われたことはわかるけど、今1つ納得できない」と思っているかもしれないですし、そもそも理解をしていないかもしれません。

あなたが、そんな若手の気持ちを無視して、一方的に話をしたり、相手の「わかりました」という言葉をそのまま受け取ってしまい「伝わった」と思ってしまうと、そこにミスコミュニケーショ

【図表５　発信と受信】

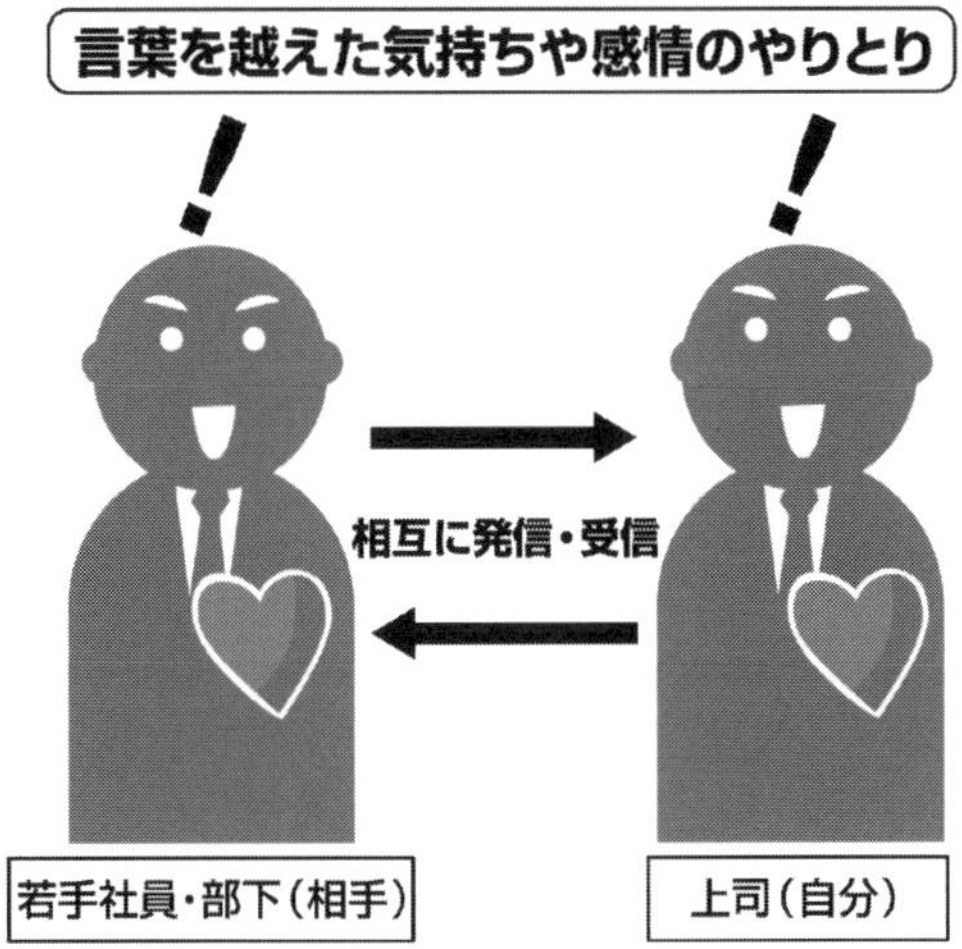

ンが生まれてしまいます。

この行き違いが、仕事上のミス・モレ・ムダにもつながります。受け手が本当に感じていることや、考えていることは、言葉で表現されていない場合が多いのです。

受信する側（会話の受け手）の立場に立ってみてください。あなたが相手から、何らかの情報を受け取ったときに、無意識のうちに様々な感情を抱きます。同意することもあれば、その逆もあり、「いいな」「嫌かも」「なるほど」「何で？」「楽しそう」「悲しい」…、様々なことを思っています。相手も同じです。これらのことを踏まえた上で、受け手の反応を読み取ることが大切になります。

誰でも、自分をさらけ出すことは怖いものです。なかなか自分の本音は人に見せません。まして仕事というオフィシャルの場で、自分を全部見せている人は少ないと思います。

若者は嫌なこと、できないことは割とはっきり言うので、あまり深く考えず、本音で生きていると勘違いしてしまいます。しかし、心の中で、いろいろなことを想っています。自分の本心や想いは秘めていいて外には出しません。

若手社員の一見元気で前向きな発言や、返事の後ろには、あなた世代以上に言葉の後ろに何かを秘めている？　または、何も考えていない？　真実は？　と言葉以外のところにも意識を向けながらキャッチボールをすることをしてみてください。

また、人に相談することもあまり得意ではありません。とはいえ、自分で深く考える習慣もないので、自分の本心に気づいておらず、何かを決めるとき、表面的なことで答えを出そうとしたり、今の感情や状況のみで答えを出そうとします。（あくまで傾向ですが）

例えば、転勤を打診されたが、受けたくないと思ったとします。そう思った理由があるはずなのですが、まず相談しようという思考になりません。転勤を断る＝退社など、自分の中で2択しかなく、それ以外の可能性に意識が行きません。

転勤はしたくないけど、会社も辞めたくないと思ったとしても、長い会話や会話のキャッチボールを不得意とする人も多いので、どう気持ちを伝えたらいいかわかりません。

結果として、その思考プロセスが省かれ、転勤はできない、会社を辞めるという結論だけが伝えられることになります。

もし、あなたが上司なら、転勤を打診するときなど、若手社員の働き方に関わる話をするときは、

相手の言葉をそのまま受け取らず、表情や声のトーンにいつも以上に耳を傾けてください。そしてしてください。「対話」です。いつも以上に、しっかりとあなたの気持ちを伝え、相手の気持ちも受け取る努力を

人は誰でも真実を隠しますが、それ以上に、若手社員の真実は常に隠されていると心得て関わることが大事です。

自分から先に声をかける

何かをやりたいと思ったら、相手が動く、相手を動かす方法を考えるにしても、まず自分の考えや想いを発信しないと相手に伝わりません。同時に、自分から動いたほうが早いことは、自ら動いてみることです。

若手社員との関係を今よりもっとよいものにしたいと思ったら、若手社員から自主的に声をかけてくるのを待つよりも、まずは自分から声をかけたほうが早道です。

あなたに信頼と安心を感じて心を開いてくれたら、今どきの若者は素直で優しい特性を持つ人が多いので、そのあとの関係性はあなたと上世代との関係性よりも、本音の関係性が築けると思います。

「自分から先に声をかける」で真っ先に思い浮かぶのは、挨拶ではないでしょうか。その中でも、「おはよう」の朝一番の挨拶、これがとても重要です。

〈事例〉

男性ばかりの会社だから、お互いの関係性はよくとも、皆無口なため、明るい雰囲気ではありませんでした。基本、外での仕事が中心のため、集まるのは朝と夕方だけ。

朝は1日の始まりですから、明るく元気よく皆で声をかけ合えるようになりたいという社長の希望で、全社員、全支店の「コミュニケーションプロジェクト」が始まりました。

○社員の皆さんの感想

・朝の「おはようございます」の挨拶が明るく元気よく飛び交うようになったら、社内の雰囲気がよくなったばかりではなく、様々なプラスが生まれ、プラスのスパイラルが起こりました。

・会社には関係会社の社員も出入りします。一緒に仕事をするのにお互いの名前がわからないということもありましたが、「○○さんおはようございます」と挨拶をするようになり、現場でも自然に「これお願い」から、「○○さんお願い」と〝名前＋一言〟になりました。「ありがとう」「助かった」という言葉も増え、チーム力が高まり、生産性が上がりました。

・上司と部下、関係者とのコミュニケーションがしっかり取れるようになり、仕事のミスが減りました。

・関係性ができてきた頃、幹部から社内コミュニケーションを深めるための取組みをやろうという声が上がり、お互いの特技を活かした企画が立てられ、若手社員が協力する形で実現しました。イベントには家族の参加もOKということで、大成功でした。

このような取組みの結果、職人気質の無口な人が多い組織でも、社内の雰囲気は自然に柔らかいものになりました。

そうなると、若手も先輩や上司にいろいろと相談がしやすくなります。結果、若手社員の主体性が育ったため、技術力もアップし、組織も成長しています。そして離職率が減りました。お客様先でも自然に笑顔や挨拶が行われるようになり、クレームが減り、仕事の効率が上がりました。

何気なくしている朝の挨拶、ここを全員が同じ意識で、少し気をつけることをやり続けていくことで、会社全体にプラスのスパイラルが生まれた事例です。

どうでしょうか？「挨拶ならうちの職場も毎日しているけどなあ…、何が違うのだろう」と思われたかもしれません。

挨拶もエアーキャッチボール

では、少し考えてみてください。あなたは毎朝どんな挨拶をしていますか？

オフィスのドアを開けて、笑顔プラス元気な声で「おはよう」と挨拶をしているという方、いいと思います。

では、そのときの社内にいる人の返事や反応はどうでしょうか、実はここがポイントです。ほとんどの人は、自分が挨拶をしたらそれでＯＫ。相手の反応は気にしていないのです。せっかく明るく挨拶をしているのに、エアーキャッチボールではなくエアードッチボールになっているとしたらもったいないと思います。

挨拶が自然に飛び交うようになると、若手との関係性も、職場の空気感もがらりと変わります。皆が活き活きと働くコミュニケーションが生まれます。

自分から挨拶が自然にできるようになったら、次は相手のお名前をプラスすることをしてみてください。

「●●さん、おはよう」

今まで名前を呼んで挨拶をする習慣がなければ、最初は相手も戸惑うかもしれませんが、人は自分のことを認知されていると感じると誰でもうれしい気持ちになります。

人は、認めてくれた相手に信頼や親近感を抱きます。そして、モチベーションも上がります。特に若者や女性にはその傾向が強いのです。

また、名前を呼ぶことは、最大の存在承認の1つです。

名前を呼んでいるうちに自然と「ありがとう」「助かった」という感謝やねぎらいの言葉も増えてきます。

関係性が変わってきたなと実感できるまでには少し時間がかかるかもしれませんが、数秒でできるコミュニケーションです。ぜひ、〝お名前＋挨拶〟が、あなたの中で、あなたの職場で日常の当たり前になるまで意識してやり続けてみてください。

〈挨拶がエアーキャッチボールになる1つの方法〉

「お名前＋挨拶」を励行します。

まずは、自分から次の挨拶をして、相手の反応を受け止めてみましょう。

・朝出勤したとき、「おはよう」
・退社するとき、「お先に」「お疲れさま」
・外出するとき、「いってらっしゃい」
・帰社時、「お帰りなさい」

育つではなく育てるに楽しみを見つけよう

あなた世代は、仕事は「見て覚えなさい」「わからなければ自分から聞きなさい」と言われていたと思います。周りの人に協力してもらいつつも、できる限り自分で、早く一人前に育つことを期待されていました。ですから、同じことを若手社員に期待するのは当然だと思います。

けれど、あなた世代とその後の世代では、前提条件となる背景（経済、働き手、雇用契約など）が違います。それぞれの生きてきた時代が違うので、価値観や行動特性も違います。

また、若手社員だけでなく、様々な年代、国籍の人と働く環境になり、価値観も仕事に対する考え方も多様化してきています。

そんな時代の変化によって、求められる人材も変わってきています。

そのため、あなたが人を育てる側にいるなら、いろいろな想いはあるにせよ、若手社員の育成もあなたの時代と同じではないのだとマインドセットし直す必要があるのです。それは、組織のためや若手社員のためだけではなく、これから先あなたがどう生きていくのかにも大きく影響してきます。

今の時代は、各分野の専門家をもってしても、想定外だらけです。コントロールできない何かが、いつ、どこで、どう起こるのかわからないことに世の中も振り回されます。

そんな時代背景の中で、次の世代を担うのは、今の若者であり次の若者世代です。組織においても、今の若手社員とこのあとから毎年入る若手社員が、あなたの未来にも影響してくるのです。

そう考えると、「自分たちはそんなに手をかけてもらってないのに、自分たちはどうして手をかけないといけないの？　自分のノルマもマネジメントもやることは沢山ある。そんな時間ないよ」という視点から大きく視点を変える必要があるのです。

あなたはどれを選択しますか？

これからは、人は育てなければ育たないという現実は変わらないので、あとはあなたがどうするかです。

・「何でそうなの？」「どうすれば育ってくれるの？」と日々若手社員の行動にやきもき、イライラし続ける。

・若手社員には期待せず、自分で全部やる。
・「どう育てようか？」を考えてあれこれやってみることに、楽しみを見つけて関わる。

子育ては自分育てという言葉があります。若手社員を育てるのも同じで、その関わりのプロセスは、あなた自身にも必ずプラスになることがあります。考え方を少し柔軟にして、その視点で若手社員に関わってみてはどうでしょうか。

「そうだね…と思うけど、楽しみとまではいかない」という方もいると思います。なぜ、「育てる」に楽しみを見つけられないのでしょう？

そもそも若手という人もいると思いますが、１つには、あなたが若手社員を育成するという言葉をとても重く感じているということはないでしょうか。

もし、あなたがその若手社員の上司などではなく、先輩という立場ならば、「何のために若手社員を育てるのか？」というと、あなたが「自分の仕事をやりやすくするため」でよいのです。

管理職なら部下の育成はあなたの役割ですが、その場合、部下がどう育つかは本人次第です。本人の意思がないことには、どれほどあなたが頑張ったところで成長はしません。

どう育成するかはあなたが考えることですが、どう成長するかは部下が考えることです。課題の分離です。そこにあなたが責任を感じる必要はありません。

ぜひ、あまり難しく考えず、本書を読み進めていただきながら、若手社員との接し方をいろいろと試していただき、関わり方に熟達していただけたらと思います。

若手社員を育てるポイントは、まず「どんな人材が必要なのか」「どんな人に育ってもらいたいか」を考えてみることです。

組織の目的（ミッションやビジョンからくる）を実現するためにチームにはどんな人材が必要なのか。今どんな人材がいて、あとどんな人材がいたらいいと思うのか。純粋に若手社員にどうなってもらいたいなのか。あなたのパートナーとして必要な人材なのかなど、あなたの立場によっても変わると思いますが、こういう視点で考えると、出てきやすいと思います。

そして、あなたの下に部下がいるなら、今いるメンバーを思い浮かべてみて、それぞれにどんな役割を担ってもらいたいのかを考えてみます。そうすると、対象となる若手社員に、どんなふうになってもらいたいかのイメージがより具体的に見えてきます。

現状とありたい姿（こうなってもらいたい）がわかると、そのためには「何が、いつまでに、どうなればいいか」と思考が進み、タスク（やること）が出てきます。

ここまで見えてくると、自然に「何から取りかかろうか」と、行動したいという気持ちになっています。なぜなら、誰かに言われてやらされていることではなく、「自分で考え気づいた」自発的な行動だからです。

この気持ちが上手く行動につながり、目標達成するためには、少しコツが必要です。

目標設定のやり方の中から、簡単なポイントを4つお伝えします（図表6参照）。

【図表６　目標達成の４つのポイント】

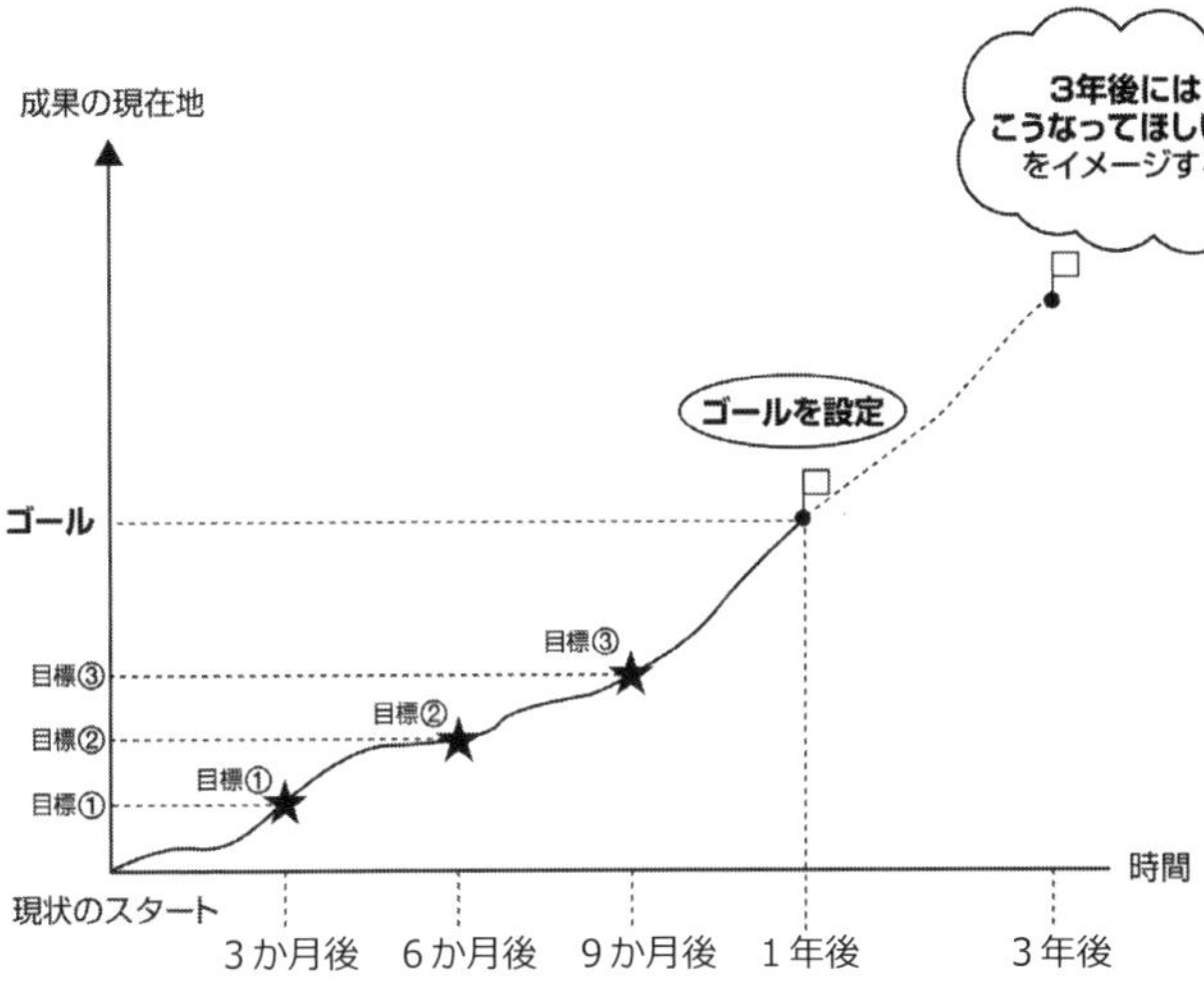

コツは、すぐに取り組むことをすぐできるぐらい小さい事柄まで分解して、小さい行動を沢山つくることです。ハードルが高いことは、取り組むのに時間がかかり、その間にモチベーションが下がってしまうからです。

①　人が育つには時間がかかると心得て、３年後にはこうなってくれていたらいいをイメージする

②　１年後くらいに日付とゴール（大きな目標）を置く

③　そのゴールとスタートとの間に3か月ごとの目標を置く

④　目標を達成するために何をするか（タスク。例・名前を呼ぶ、挨拶、定期的なミーティングなど）を考える。さらに、すぐできること、取り組みやすいことまで小さくして、それを達成することを重ねていく

こんなふうに図を書いてみると、イメージしやすいかもしれません。

また、タスクは、付箋に書き、時系列に並べるとわかりやすく、順番を変えたりできます。

達成した付箋は分けていくと、できたものを可視化できて、モチベーションも持続します。

ぜひ、試してみてください。

詳しくは、この章の「5　若手社員が自ら動き、成長し、成果を出す」を参照してください。


若手社員の行動や発言の「何で?」は「そうきたか!」や「あら、そうなんだ」にチェンジする

私は、研修などで、毎月100人以上の若手社員と会う機会があります。20歳以上年が離れている若手社員が大半ですから、当然世代間ギャップがあります。そのときは、「あら…、そうなのね」で一旦受け止めることにしています。

ですが、毎月会う方もいて、それぐらいの密度だと、客観的な立ち位置にいるようでも「何で?」と思う出来事があると、ついマイナスな感情が出るときもあります。そのときは「そうきたか!」とチェンジします。すると、冷静に「さて、どうしようか」という思考と行動が続きます。

このとき「何で?」のままだと、「また?　何でいつもそうなの…」と、相手を責める言葉や「何でそんな発想になるかな?」など、マイナスの思考や行動が続き、マイナスな感情や反応しか生まれてきません。

それを、「そうきたか」にチェンジするだけで、少し客観的な視点で物事を捉えられます。不思議なもので、受け止める心の余裕が違ってくるのです。

「何で?」は、自分視点です。「何で」という言葉が浮かんだ瞬間、自分に起きた都合の悪い出来事として捉え、被害者感情が生まれるのです。そして、相手に小言や愚痴や文句を言いたくなるのです。

もし、あなたがこの状態で相手に何かを言っても、被害者の立場で発言しているのですから、「何でこうしてくれなかったのか」「何であなたはそうなのか」と、出てくる言葉は相手を責める言葉や「私は残念」「私は辛い」など、自分の感情を一方的に投げる言葉が出てきます。

これでは、起こった出来事の解決や改善策を見つけられないどころか、たとえ相手に非があったとしても、あなたの言葉や言い方に今度は相手が怒りを感じ、論点がすり変わっていきます。結果、何も解決の糸口は見出せず、関係性だけが悪くなるという事態を招きます。

あなたも「何で?」と思う出来事に遭遇したとき、「何で?」と出そうになったら「そうきたか」「あら、そうなんだ」と心の中で呟くなり口に出してみてください。すると思考と感情が少し和らぎます。次は、「で、どうしようか」「どうしたい自分?」です。「何で?」の時点では、その出来事と自分との距離はかなり近い状態です。

「あら、そうなんだ」「で、どうしようか」と呟くうちに、少しずつ距離が遠くなります。すると、その出来事と自分が分離できるので、課題として対処しやすくなります。

若手社員に、まずは事情を聞こうという気持ちの余裕も生まれます。すると、「どうして?」「それで?」と相手の言葉を聞く姿勢に自然となります。

ここまでくると、自分はどうしようか、若手社員に対してはどうしようか（注意が先か、指示などをした方がいいかなど）と前向きな行動へ進んでいきます。

そして、大半の出来事は、「あら、そうなんだ」の時点で、受け流せるものだったりします。「あら、そうなんだ」では受け流せそうではない大きな出来事は、「そうきたか！」にチェンジしてみてください。受け取り方が明るくなります。どんと肝が座る感じで、その物事に前向きに立ち向かうという思考と行動になりやすいです。

チェンジングワードを持つといい理由

多くの人は、こんな場面に遭遇する度に、行動（態度）や身体的反応（表情など）を変えないといけないと思っています。身体的反応や感情は、思考や行動に紐づいて出てくるものなので、順番としては、まず思考や行動をチェンジすることが先ですが、一番やりやすいのは出てくる言葉を変えてみることです。

言葉は思考とつながっているので、言葉をチェンジするだけで思考が変わり、行動が変わりやすくなります。そして、口に出すと自分の耳がそれを聞き、脳が認知するので、さらに効果があります。

あなたが、ネガティブな状況に出くわしたとして、どんな言葉が一番最初に出ますか？　私は、「チェンジングワード」と言っていますが、もしネガティブな状況のときに浮かぶあなたの口ぐせ（口に出さなくても浮かぶ言葉）が、気持ちが下がる言葉だったら、ここに挙げた例のように、自分がしっくりくるポジティブワードを用意して、チェンジすることを意識してやってみてください。場面ごとに自分がしっくりくる言葉を用意しておくと、行動や思考の切替えがやりやすくなります。

ちなみに、私の場合は、「そやな」や「よし」、「ＯＫ」など、まず短い言葉を勢いよく言います。そのタイミングで息を吐き、アクション（立ち上がる、方向を変えるなど）に移る感じです。自分にしっくりくるパターンを持っておくと行動がしやすくなります。

また、言葉の前に、「おっ」とか、「あっ」という接頭語を置くとチェンジしやすくなります。ワンクッション置くことで、次の言葉が出やすくなるからです。

こんなふうに、自分の行動は自分で選び、自分でコントロールすることができます。日頃からよく自分を観察して、「自分は何をどうしたい・どうであればよい」と、自分のご機嫌の取り方を知っておくといろいろなことに振り回されなくなります。

チェンジングワードの用意の仕方

次のようなシーンを参考にして、チェンジングワードを用意しましょう。

・あなたが面倒なことに取りかかるときに無意識に心の中や口に出していう言葉は？

例）掃除に取り掛かるかと思ったとき、「よしっ」とか「さぁ」など

・あなたが財布を落としたとします。もう終わったことは仕方がないから気持ちを切り替えようと

思ったとき、どんな言葉があると前向きな行動に移れそうですか？
例）「あまりお金が入ってなくてよかったわ」「財布落としたおかげでいいことある」など

2　お互いが協働しやすい関係をつくる

対話の時間を意図的につくる

あなたが若手社員との関わり方を知りたい目的が、若手社員との関係性の向上だけでなく、若手社員の育成や離職率の低減、職場の生産性の向上などさらに目的があるとしたら、ぜひ今までの章やこの後の章を参考に、若手社員と定期的に話す時間をつくってみてください。

できれば月２回、１回30分くらいとか、週１回、15分くらいのまとまった時間を継続的に取ってみてください。

ここでのポイントは、通常の評価面談とは分けて考えることです。この時間は、若手社員が自由に本音で話せる時間として設定し、なぜあなたがこの時間をつくったかの目的を明確に相手に伝え共有することです。

正しいオリエンテーションを行う

協働とは、同じ目的、目標に向かって、一緒に働くことです。組織の成果は、あなたと若手社員、同じチームのメンバー、それぞれが最高のパフォーマンスを出すことも大事ですが、それだと「1＋1＝2」の力しか生み出せません。

ですが、個々の力を掛け算することで、今いるメンバーで何倍もの力を生み出すことができます。この掛け算がコミュニケーションです。

掛け算になるためには、あなたと若手社員や部下と関係性を築くための正しいオリエンテーションを行い、お互いが協働しやすい環境や関係性をつくっていくことをおすすめします。

正しいオリエンテーションとは、相手との関係をよいものにしていくために決めておくルールや条件のことです。例えば、あなたが入社したときも、入社手続として、このときに会社の説明や仕事の内容、規則などを説明された時間があったと思います。これがオリエンテーションに当たります。

ここでのオリエンテーションは、メンバー同士がお互いに協働しやすい関係性をつくるために行うものとして、正しいオリエンテーションとしています。

このオリエンテーションは、入社後の1回とか、その相手と1回だけ行う儀式のようなものではなく、定期的に行われる面談の中で、必要に応じて実施されるものです。

なぜこれが大事かというと、これがわざわざ行われているのといないのとでは、仕事の生産性が劇的に変わるからです。

正しいオリエンテーションを具体的に言うと、会社のミッションやビジョン／組織の目的や目標／組織のルールや、最低限守ること、ルールを破ったときの罰則／皆が大切にしていること／あなたやあなたのチームのメンバーが自主的にやっていること／昇格の基準／メンバーの生の声、考え、想いなどを、共有する時間を1対1でわざわざ持つことです。

若手社員に限らず、何かしらの一定のルールがあったほうが仕事は進めやすいことは、あなたも経験上そうだと思います。ですが、大抵これらのものは暗黙知としてあり、何かしら問題が起こったときや、これらについて話さなくてはいけないという場面で話題にしたりするぐらいで、上司とわざわざこれらを共有する正しいオリエンテーションをしたという人は少ないのではないのでしょうか？

正しいオリエンテーションは、定期的に行います。なぜなら、人の意識は微妙にずれていきます。また、組織のルールやメンバーの生の声、考え、想いは変わっていくものです。他には、営業で行うキャンペーンの施策など、その時々で実施されるものなど、共有する内容には変わらないものと変わるものがあるからです。

今の若者は、暗黙知や察するや臨機応変といったことが苦手です。ですから、「大体見ていたらわかるでしょ」とか、「周りを見て自分で考えて」と言われても、何をどうしていいかわかりません。若手社員が安心して今やることに集中できるためにも、あなたの仕事が円滑に進むためにも、この正しいオリエンテーションを取り入れてみてください。

そうすることで、お互いが協働しやすい関係性ができて、ミスコミュニケーションが減り、仕事の生産性が変わります。

正しいオリエンテーションの効果をさらに高めるために大切なことは、書面に残す（メモ書き程度の議事録）ことをおすすめします。

同意を取り交わせばコミュニケーションが円滑に！

正しいオリエンテーションを行う際に大切なのが、「同意を取り交わす」という意識です。

同意とは、同じ考えや同じ理解という意味です。様々な組織内での取決めについて、伝達して終わりではなく、お互いの共通認識になっているところまでやることが重要です。ですが、大半は、あなたからの一方的なコミュニケーションになっていないでしょうか。相手と「同じ考え・同じ理解」となっているところまで、キャッチボールをしているでしょうか。

管理職対象の研修で、「部下と必要なことを共有していますか？」と質問すると、大抵の方が「できている」と言われます。この話をした後に、「部下と同意を取り交わしていますか？」と質問すると、大半の方が「そこまで考えていなかった」と言われます。

同意を交わしておくといいものは、例えば次のようなものがあります。

・会社のビジョンやミッション、トップの想いなど
・組織のゴールや目標
・ルール（破ってはいけないこと）
・仕事（お互いのすべき事柄）

・お互いの責任の範囲
・期待する役割
・組織やチームが大切にしていること、自主的にしていること
・会社として説明した労働条件、報酬、権利、昇格など

正しいオリエンテーションの目的は、伝えることではなく、若手社員とあなたとの間でこの同意を取り交わすことです。

この同意が取り交わせていないからといって、すぐに何かに影響したり、困り事が出現することは少ないかもしれません。ですが、日常の「言った、聞いてない、知らない」などのミスコミュニケーションからくるやりとりで、少しずつお互いの関係性がずれていき、何かのきっかけで誤解や疑心や怒り、反発の原因にもなります。そうなると修復はとても難しくなります。

あらかじめ同意を取り交わしている、定期的に若手社員の話を聞く時間を持つことで、これらのことに時間を取られることなく、必要なことに時間を使うことができます。

また、同意を取り交わそうと思うと、これらのことがあなたやメンバーの間で明確になっている状態にしておくことも大事ということになります。

ルールを明確にする

正しいオリエンテーションで同意を取り交わす前に、あなたの組織にあるルールを整理しておき

ましょう。

ところで、ルールとマナーやエチケットの違いを把握しているでしょうか。

私たちは、必ずどこかのコミュニティーに1つ以上属しています。ルールは、そのコミュニティーに属している人たちが決めた、独自の決まり事です。独自の罰則を設けるのも設けないのも自由です。法律とは違うので破っても法的な罰則はありません。

マナーやエチケットは、お互いが気持ちよく過ごすためのもの、例えば、電車の席は譲り合いましょうとか、荷物で占領しないなど、暗黙の自主的な決まり事です。

例えば、スポーツの試合にはルールがあります。ルールがあるので、むしろその中で自由にパフォーマンスを発揮することができます。

組織も同じで、ルールが明確で、「最低限守るルールとそれを破ったときの厳罰はあるけれど、それを守ればあとはそれぞれのやり方でいい」という組織と、「うちはルールとかはあるけれど、あまりそれは厳しく言わず、お互いに気を使いながらうまく仕事がまわっている」という組織なら、メンバーがパフォーマンスを発揮しやすい組織は前者になります。

後者なら、何か自分で判断したいとき、前例を探したり、上司や同僚に確認したり、周りを見たり、別の意識や労力が発生します。若手社員であればあるほど自分で判断できる範囲が狭いため、それなら言われたことだけをやっていたほうが楽となり、主体性が育ちにくくなります。

共に働く仲間ですから、気持ちよく働くためのマナーも大事ですが、まずは、今どんなルールがあるのか、そもそも皆（自分も含めて）が、認知、理解しているのだろうかという現状把握と整理をする。

その上で、お互いが働きやすく、最高のパフォーマンスを上げて、チームが上手くいくためには、どんなルールがあればいいだろう？　を考えてみてください。

若手社員やメンバーと「どんなルールがあれば仕事がしやすいか？」を一緒に考えてみるというのも、関係性を築くよい機会になるのでいいかと思います。

共通言語辞書をつくる

もう1つつくっておいたらいいものをご紹介します。

組織の中のミスコミュニケーションを減らし、チームが上手くいくためには、同一言語、同一理解があることがとても重要です。

同意を取り交わすとしても、お互いの言葉の理解が違えば、そこですれ違ってしまいます。そこで、社内の慣用句や当たり前と思っているよく使う言葉をピックアップして、「共通言語」辞書をつくっておくことをおすすめします。

例えば、あなたの「きょう中にやっておいて」の〝きょう中〟は何時まででしょうか？

研修の中では、内勤の方は「定時」が多かったのですが、外勤の方は「帰社してから取りかかるのでそれ以降」という声が多かったです。中には、「明日の出勤時間まで」という方もいました。

内勤の方も業務状態によっては「日常業務が終わってから」という声もありました。「きょう中」だけでも、定時から明朝の出勤時間までこんなにバラつきがあります。

もし、何かを依頼する側が、きょう中は定時と思い込んでいて、「きょう中にお願い」とだけ伝えて、「何時までに欲しい」という相談をせずに、仕事の段取りをしていたら困ることになります。頭ではわかっていても、皆さんついつい、あるのではないでしょうか？

他には、「沢山」」いう言葉。大体「10～１０００以上」とすごく幅があります。社内の報告でよくあるのが、「お客様の反応どうだった？」「はい、好評でした。沢山の方からのアンケートに美味しいとありました」といったようなやりとりです。これは報告ではなくその人の感想ですね。

読み手と書き手のお互いの頭に浮かんだ数字が1桁違ったらどうでしょう。困りますね。「沢山って何人？　と聞くでしょ」と思うかもしれませんが、日常の会話の流れの中だと、案外流されてしまいます。ですが、沢山という言葉は、聞いた側の潜在意識に残ります。そして、何かの判断のときの材料に使われたりするのです。

研修の受講者の方からもこの言葉の解釈の違いや思込みからくるエピソードは、毎回いろいろ出てきます。

例えば「沢山」なら、「美味しいそうなお店があったから行ってみると、沢山並んでいたからやめた」と同僚が話すから、数十人以上並んでいるのを想像した。「そんなに美味しいのかな」と思って「何人ぐらい並んでいたの？」と聞くと、「うーん10人ちょっとかな」と聞いて、「昼時で10人ならそう多くない」と思ったことがある、言葉の思込みなら、奥様に「お肉買ってきて」と頼まれたので牛肉を買って帰ったら、「うちでお肉といえば豚でしょ」と怒られた…など。

こんなふうに、日常、私たちは、勝手に自分の解釈で物事を判断して、行動します。思込みがあるから、こうやって文字にすると、「何で確認しないの？」と思えることも、案外確認せず、自分の中で勝手に判断しているのです。

先ほどのエピソードは微笑ましいものですが、これが組織の中のあちこちで起きると、「言った、言わない。時間に間に合わない。プロジェクトの方向性が合わなくなった」など、いろいろな問題が生まれる原因の1つにもなります。

そこでおすすめするのが、慣用的に使っている言葉で理解がずれると困る言葉について、辞書をつくっておくということです。

例えば、業務の締切りなどは、社内規定で決められているもの以外で、日々やり取りするものが多々あります。

例えば、「日報をきょう中」の〝きょう中〟は「21時まで」などや、よく使う言葉の意味を統一しておくなど。

この共通言語辞典をつくっておくことで、「正しいオリエンテーション」時の同意を取り交わす時間も短くできます。

若手社員の「きょう中と言われたけど、何時まで？　聞きそびれてしまった。どうしよう」などの余分な不安が減るので、仕事のミスが減ることも期待できます。

3　若手社員のやる気を高める

承認とは

人は、好むと好まざるとにかかわらず、１人では生きていくことはできません。必ず何かのコミュニティーに属しています。そのため人の生存本能は、絶えず自分自身が協力の輪の中に入っているかどうか、仲間がいるかどうかということに対して、チェックをかけているといわれています。

他者からの承認は、自分の存在そのものを認めてもらっているという安心感や、やる気に大きく影響します。

誰かの役に立ったと感じたら、また何かをしてあげたいと思います。そして、承認してくれた人には、心を開きます。相手にも何かしたいと思います（返報性の法則）。

あなたが、若手社員を本当の意味で承認しようと思ったら、相手のことをいつも見ていなければできません。「いつも見てくれている」という想いは安心感になり、よし頑張ろうという気持ちやモチベーションにもつながります。若手社員の自己尊重感が上がり、あなたへの信頼感も深まります。

この承認には、大きく分けて、存在承認と成果承認の２つがあります。

成果承認とは

基本的に、「上」の立場にいる人（上司や教師、親）が、「下」の立場にいる人（部下や生徒、子供）を認める行為です。

あなたが、若手社員に「よくやった」と声をかけるときがあると思います。それはどんなときですか？　多分、営業なら売上を達成したとき、それ以外でも何かよい成績を出したときなどにそういう声がけをすると思います。

あとは、何かしてくれたことについて認める、つまり何か結果を出したことに対して認めるということが多いのではないでしょうか。

この承認を「成果承認」と言います。行動したことに対しての結果承認です。

何かをやって認められるのは、誰でも嬉しいことです。けれど言い換えると、結果を出したときしか認められない、褒めてもらえないとなると、あなたならどうでしょう。

あなたの部下や若手社員は、どんな行動をとるようになると思いますか？

私たちは、無意識にこの結果に対してのみ認めることをしています。褒められた人は、上の人から褒められると嬉しいので、次にも褒められることをやろうとします。つまり、自分がある目的を達成したいからその行動をするのではなく、上の人から褒められたいからその行動を取ることにつながりかねません。

褒めてもらいたいからやる、褒めてもらえないことはやらないとなっていくと、依存心が高まり

【図表７　存在承認】

・名前を覚える、呼ぶ	・相談に乗る
・挨拶	・期待する
・ねぎらう	・任せる
・感謝する	・チャレンジさせる
・勇気づける	・一緒にやる
・話を聞く	・役割を与える
・覚えている	・強みを活かす
・アイコンタクト	・謝る
・時間を割く	・ギフト、プレゼントする
	など

主体性のある人材は育たないということになります。成果を認めることは大事なことですが、この点に十分気をつける必要があります。

存在承認とは

それに対して存在承認は、「名前を呼ぶ」「ありがとう」「嬉しい」など、存在そのものを認める承認や結果を出すまでのプロセスを認める承認など、結果を出していてもいなくても、その人そのままを認めることです（図表７参照）。

例えば、何か仕事を頼まれるにしても、主語なしで「これお願いできる？」や、「おい」（今どきは少ないかもしれませんが、私世代では当たり前のようにありました）とか、「ちょっと」ではなく、「○○さん」と名前を呼んで何かを頼まれた場合には、存在を認められているという気持ちになります。

名前はその人が持つ自分だけのものです。ですから、この章の「１　心構え」のところで書いた事例のように、お名前プラス挨拶は、存在承認が２つ入っていますからとても効果があるのです。

ねぎらうや勇気づけも、大事な存在承認です。「助かるよ」「一緒に頑張ろう」は、誰が誰に言われてもうれしい言葉です。

言葉だけではなく、わざわざ時間をつくってくれる、手を止めて話を聞いてくれる、一緒にやってくれる、任せてくれる、握手する、昔の話を覚えていてくれるなども存在承認です。

こんなふうに、いつでもどこでも、存在を認めてもらっていると感じられる職場なら、あなたはどうでしょうか？

存在承認の特徴は、結果が出ても出なくても否定されないということです。なかなか結果を出せない若手社員なら、毎朝エレベーターのドアが開き、オフィスまでの通路が憂鬱で仕方ないかもしれません。けれど、何か「ここにいていいんだ」と感じることができたら、今よりのびのびと自分らしく動けて、結果も出やすくなるのではないでしょうか。

ポイントは「存在承認＋成果承認」

先ほどの成果承認の例に挙げた営業成績がよかった部下には、「お客様をしっかり分析し、対応してきたから結果がついてきたんだね。私もうれしいよ」と声をかける。これが「存在承認＋成果承認」です。そのプロセスも対象にして、評価する態度ではなく共感することを意識して声をかけます。

人は、成果承認だけを受けていると、どうすればもっと楽に成果を出せるか？　を無意識に考えるようになります。逆に、どう頑張っても成果が出なくて、怒られてばかりなら、「どうせ自分なんて」と成果を出すまでのプロセスを努力することを辞めてしまいます。

ビジネスの現場において成果を出すことは大事ですが、結果が出ても出なくても否定されない、居場所があると感じられることは、とても大事です。その意味でも、普段から存在承認をしっかりとしながら、その上で時に成果承認もしていくことが望ましいと私は思っています。

私たちは、無意識だと「結果」を目の前にするとついそこにフォーカスし、「成果承認」のみで終わりがちです。若手社員との関係性において、この「存在承認」は非常に重要なポイントになります。

IメッセージとYOUメッセージ

承認のメッセージを行うときに大切なことがあります。例えば、あなたが、上司や目上の人に「君の頑張りはいつも素晴らしいね」と言われたとします。承認されたのだからうれしいと思うのですが、この言い方は上から目線に感じませんか。

これは、〝YOUメッセージ〟といって主語が「あなた」です。私から見てあなたが素晴らしいか、素晴らしくないかと言っているので、承認より評価の意味が強くなります。

もし、これが同じ言葉でも、「私は君の頑張りを素晴らしいと思ったよ」だとどうでしょうか。〝Iメッセージ〟は、私が主語なので、私が思った、感じたという感想になります。評価が入らないので、素直に何か同じ目線で上司に認めてもらったと感じます。

「私は嬉しかった」「私は感動した」「私は感謝している」――こんなふうにあなたに言われると、若手社員はもっと頑張ろうという気持ちになるのではと思います。

このように、同じ承認をするにしても、主語が何かで相手に伝わる印象が変わります。ぜひ、存在承認とセットでIメッセージも使いこなせるようになってください。

おまけとして、I、YOU以外にWEメッセージもあります。WEメッセージは「われわれは、私たちは」という意味で、皆と信頼関係ができていたら、一体感が生まれる、強いメッセージが伝わる言葉になります。

アメリカの元大統領オバマ氏のWEメッセージは有名です。「YES,WE CAN」「私たちならできる」で民衆を巻き込み大統領になりました。それぐらい信頼関係があり、影響力があるリーダーなら、素晴らしい効果を発揮する言葉です。

まず、Iメッセージの達人になって、WEメッセージにもトライしてみましょう。

第6章「4　言いにくいことも上手に伝わる伝え方」も参照してください。

シャワーのように承認しよう

あなたの承認力が上達するコツは、あまり難しく考えず、日々の中での挨拶、名前を呼ぶ、ねぎらい、勇気づけなど、そして若手社員を観察し、相手ができたことを認めます。

上手くできたかどうかではなく、若手社員がトライしたことに価値を置いてみましょう。そして、Ｉ（愛）メッセージで伝えてください。

若手社員にとって、承認の言葉は、行動するためのガソリンと一緒です。タンクが空にならないように、シャワーのように承認をすることを意識してみてください。

すれ違い様のコミュニケーション

若手社員としっかりと関係性をつくっていくことが大事なのはわかったけれど、日常の中でその時間を取ることができないとあなたは思われているかもしれません。実際そういう声もよく聞きます。

繰り返しますが、コミュニケーションは質×量です。つまり、短い時間でも量を重ねればよい関係性はつくれます。

ここでは、すれ違いぐらいの短い時間でのコミュニケーションの取り方をお伝えします。

とはいっても、すでにここまでに紹介した内容を実践するだけです。

例ばあなたは、自分の大切なもののことを相手が覚えていてくれると嬉しくないですか？　そのような自分がされたら嬉しいこと、まずそれから初めてみることがコツです。

日に何度か顔を合わすのであれば、すれ違い様にアイコンタクト（目を合わし）笑顔や「おっ」「お疲れ」と、一言でも十分コミュニケーションは取れます。

若手社員からすると、あなたは先輩か上司のはずですから、ほんの数秒であっても、出会い頭に自分の存在を認めてもらえると感じることは、「自分のことを気にしてくれているんだ」という安心感と自己尊重感のアップとあなたへの信頼につながります。

ちなみに、相手を貶めたいときに一番効果的なのは、「無視」です。存在を認めないということ。単純には目を合わせない行為です。

言い換えれば、すれ違い様に言葉を交わす時間がなくとも、ちゃんと目を合わせるだけでも、相手は安心と信頼を感じることができるということです。

あまり難しく考えず、目の前の相手とアイコンタクトと一言ぐらいの言葉が交わせるようになるといいですね。

〈ポイント〉

・若手社員と出会ったら、まず自分から声をかけましょう。「○○さん、おはよう」とお名前プラス挨拶から始めます。

・前回会ったときから時間がたっていたら、「元気？」「調子どう？」など、相手の様子を気づかう言葉を続けます。

・前回会話した内容があればそれを覚えていて、「あれ、どうなった？」や「昨日、野球の結果どうだった？」と最後に話したことの続きに触れます。

・家族のイベント事や本人のエピソードなどを聞いていたのであれば、「もうすぐ入学式だね」や「試験勉強進んでいる？」「お子さんの風邪どう？」などと声をかけます。

わざわざ時間をつくる

研修などで「どんな承認だと嬉しいですか？」という質問を年齢、性別問わず聞くのですが、若手社員からの答えで多かったのが、「わざわざ時間をつくってくれる」でした。他には、「食事（飲み）に誘ってくれる」など。「都合が悪くて断っても、また誘ってくれる」というのもありました。

この結果、あなたはどのように感じましたか？

私は、若手社員の上司側が、定時後の誘いを躊躇するだけでなく、お昼を誘うのも気を使うということをよく耳にしていたので、意外に感じました。

若手社員にこの疑問を投げてみると、誘われて断る、断らないは、その誘いが迷惑かそうでないかだけでなく、予定がある、その日は行きたくないという気分も含めての「行けない」だそうです。「きょうは先約があって。残念です、また誘ってください」などときちんと説明すればよいのですが、ボキャブラリーが少ない（？）ため、どの場合も同じ断り方、つまり「きょうは無理です」「行けません」となるケースが多くなり、相手に伝わっていないのだとわかりました。

あなたからすれば、そこからまた誘ってもらいたいかどうかなど読み取るのは難しいですよね。気を使いながら誘っているので、１度断られると誘いにくくなります。にもかかわらず、「都合が悪くて断っても、また誘ってくれるとうれしい。承認されていると感じる」とのことらしいのです。

正直、「手がかかるなぁ」という感じでしょうか。

とはいえ、あなた世代が感じている「若手社員は食事や飲み会を嫌がっている」というのは、満更そうでもないということはおわかりいただけたと思います。

お誘いは、信頼関係がある間柄ならむしろ歓迎ということです。ただ、行く、行かないは予定の有無だけでなく、そのときの気分もあると心得ておけばよいということです。

あなたが若手社員との関係性ができているならば、誘いたいときに誘う。若手社員が何か話をしたそうなら誘う。断られても気にしないでよいと私は思います。

もし、あなたが若手の上司なら、部下と話をする時間は仕事の時間です。定期的に決まった時間をつくり、部下が話したいことを話す時間を継続的に取ることをするのも有効です。詳しくはこの章の「2　お互いが協働しやすい関係をつくる」を参照してください。

関わり方、関係性のつくり方は、ここまで紹介してきたことを実践していただくと大丈夫です。具体的なスキルについては、第6章「若手が育つ効果的なコミュニケーションスキル」を参照してください。

4　タイプ別モチベーションが上がる褒められ方

モチベーションが上がる褒められ方

褒められて嫌な気持ちになる人はあまりいないと思いますが、それぞれの特性によってもモチベーションが上がるツボが違います。

タイプ別にそのポイントをまとめました。

また、100人以上の若手社員の声を抜粋して紹介しています。伝え方、伝わり方の参考にしてみてください。
※タイプ分けは、第4章の5と6を参照してください

青A＝理性的で論理派

人よりドライでクールなタイプなので、あまり他人からの評価でモチベーションが変わることはありません。事実に対して、正当な評価を伝えます。個人的なフィーリングで感情的な表現をしても理解されにくいので、どう褒めようかと考えるより、事実に対してどうだったのかを端的に伝え、期待の言葉を添えます。尊敬する第三者からの間接的な褒め言葉は有効です。

Dタイプの人は、普段より感情控えめ、共に喜ぶ感覚ではなく、業務連絡をするぐらいの意識で、よかったことを相手に伝えます。

Cタイプの人は、前置きの話をせず、本題を短く伝えることを意識します。
○効果的な褒められ方：具体的に端的に／さらっと／目に見えたところを褒められる／直接よりも間接
×逆効果な褒められ方：必要以上に褒められる／おだてられる／それ本当に思っている？　と感じるような褒め方

緑B＝計画的で堅実派

堅実にきっちりと段取りを組み仕事するので、データ入力や経理、マニュアルに沿った業務や運営、チーム運営など、仕事の成果が目に見えることが得意なタイプです。

この成果に対して、具体的に「あのスケジュールはよかった」など、特に何がよかったからこうだったと褒められると達成感を感じ、モチベーションが上がります。

保守的でチャレンジを好まないところがあるので、このタイミングで「次回は○○をさらに」と具体的な内容を伝え、チャレンジを期待することを伝えると受け取りやすいかもしれません。批判と伝わらないようにする必要はあります。

Dタイプの人は、感情を少なめに、CとDタイプ共に「ここがよかった」という点をピンポイントで伝えることを意識します。

○効果的な褒められ方：具体的に成果を認める／さりげなく／正当な評価／期待を込める
×逆効果な褒められ方：感情的に褒める／大げさなのは嫌／褒められるポイントがずれている

ピンクC＝友好的で感覚派

共感力が高く、人間関係重視のタイプなので、基本はお名前＋一言です。他のタイプよりいろいろなことに気づき、あれこれと面倒見がよい人が多いのですが、誰かが見てくれていなくても自分がやりたくてやっているからよいというタイプではなく、他者からの承認がないと、誰からも自分の価値を認めてもらってないと感じるタイプです。普段から「ちゃんと見ているよ」というサインと「いつもありがとう」などねぎらいの言葉をこまめに伝えましょう。
感情少なめのＡやＢタイプの人は、表情や声のトーンを上げることを意識すると伝わりやすいです。

〇効果的な褒められ方：感謝される／やったことを認める／〇〇さんのおかげ／ねぎらいの言葉、こんなところがよかった

×逆効果な褒められ方：褒め言葉が少ない／理屈っぽい／褒められているのに表情が怖い

黄色Ｄ＝創造的で冒険派

自由、新しいものが好き、楽しいことが好きで、細かいことにはあまりこだわらないタイプです。とにかく誉めてもらったらモチベーションが上がるので、理由や根拠など気にせず、いいなと思うところが見つかった都度、声をかけて褒めます。

Ｃタイプ同様、日頃からの声かけがいざというときの関係性に効いてきます。「すごいね～、次どうするの？」など、褒めるとオープンな質問をセットにすると、自分でどんどん考え、行動が浮かんできます。褒められると動けるタイプです。

Ａタイプが論理的に伝え褒めよう、Ｂタイプが具体的にわかるように褒めようとしますが、話が長いのは伝わりません。内容よりも、感覚を使い、感情を伝えることを意識してみてください。友

達のようなフランクさがポイントです。
○効果的な褒められ方：直接的／とにかく褒められたらうれしい／すごい！／一緒に喜んでくれる
×逆効果な褒められ方：感情の言葉が少ない／話が細かいと何を言われているのかわからなくなる

5　若手社員が自ら動き、成長し、成果を出す

目的・目標・夢・ゴール・ビジョンを活用する

ここでは、自分の本当にしたいこと／なりたいこと／得たいことを見つけて、主体的に動き出す真の目標管理をお伝えします。

そのコツは、目的・目標・夢・ゴール・ビジョンを活用すること、そのために目標達成のロードマップを作成することです（図表8参照）。

上手く使うととても有効な未来を表す言葉なのですが、それぞれの言葉の意味は？　とあらためて考えると結構曖昧ですね。いろいろな解釈がありますが、ここでの解釈とその活用方法をお伝えしていきます。

テーマは、「若手社員が自ら動き成長し成果を出す」ですが、あなた自身も望む未来を手に入れることができます。ぜひ、一緒に楽しみながら、自分の想い描く未来を手に入れる思考を実践してください。

【図表８　目標達成のロードマップ】

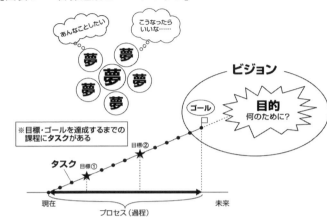

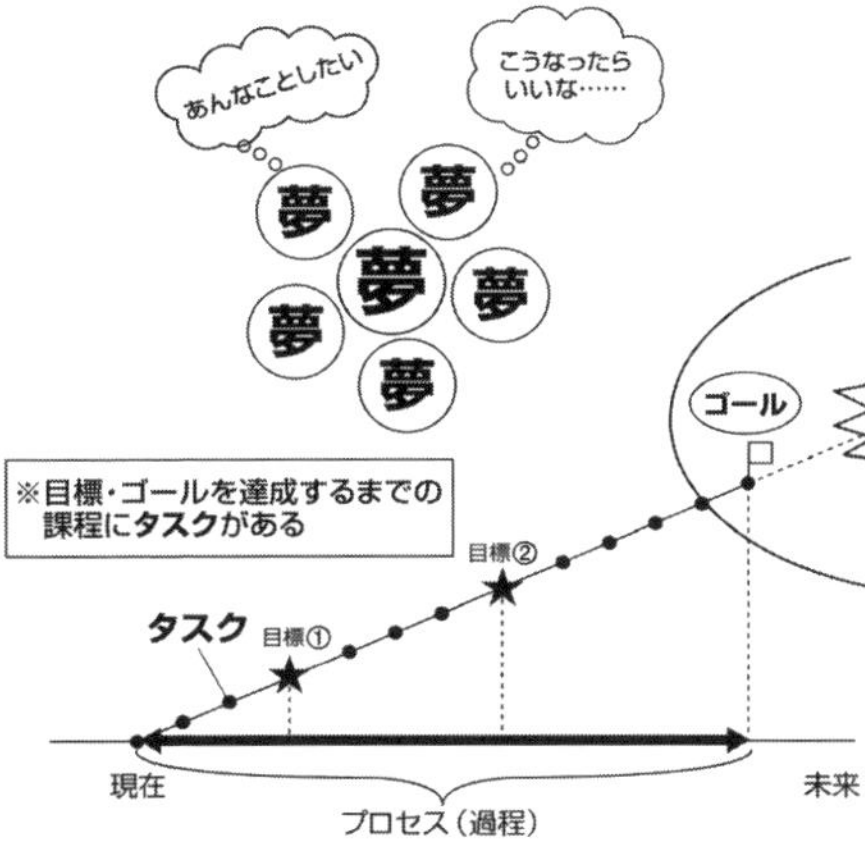

目的・目標・夢・ゴール・ビジョンの５つの言葉には考える順番があります。

①　夢……夢とは、あなたの願望、叶えたいことです。

②　ゴール……夢に日付を入れたもの。目的のための最終的な目印。

③　目標……ゴールまでの途中の目安や通過点として置くもの。

④　ビジョン……ビジョンとは、「こうだったらいいな」を視覚化したもの、イメージです。ここではゴールを達成した姿です。

⑤　目的……ゴールの先にあるもの、「何のために」。

身近な例でいうと、あなたに家族がいるとして、家族でテレビを見ていたら、ハワイの番組の中でホノルルマラソンが取り上げられていました（これは架空です）。

「ハワイでマラソンいいなぁ」と子供が言い出し、皆で「やってみるか」と盛り上がったものの、子供にはフルマラソンは無理だなと思っていたら、ホノルル散歩なるプログラムがあることを知り、これなら全員参加できるかも、いつか行きたいなと思いました。これが夢です。

ここには、本人は気づいていないかもしれませんが、家族で何か1つ大きなことを達成したい、子供に夢を持つこと、達成することの素晴らしさを伝えたいなどの「何のために」という目的があります。

「いつか」だけなら達成されることはありません。「せっかくだから来年皆で参加しようよ」とあなたが言い、「では、２０２〇年の年末はハワイで、ホノルル散歩に参加だ」と決まりました。この瞬間から、思考は具体的に物事を考え始め、ゴール達成までの道のりを考え始めます。

ゴール達成までの道のりは、あなたならどんなことを思いつきますか?

飛行機のチケット代を調べる、必要な道具を手に入れる、お金を貯める、トレーニングを始めるなど、何かしら行動を起こしたいと思うようになります。このように夢に日付を入れるだけでも、人は自然と日常に変化をもたらそうと行動をし始めます。

さらに、これを実行可能な事柄にするためには、思いついたことをスタートからゴールまでのタイムライン上に並べます。

例えば、トレーニングを始めるといっても、今まで通勤でしか歩いていなかった人が、いきなり毎朝1時間ウオーキングを始めても、多分大抵の人は3日と続かないと思います。

ゴールが10キロ歩けるようになるなら、1か月前には、10キロを1度体験しておきたいな。すると3か月前には、7キロ、半年前には5キロ…というように、ゴールから今時点まで目標を置いていきます。

そして、目標と目標の間に、また同じように小さい目標を置いていくと、だんだん大きくて曖昧な物がすぐできる小さい行動に分解できていきます。すると、明日することは、靴を手に入れて近所を歩いてみることだったりします。こうやって小さいステップを重ねながらゴールまで進んでいきます。

ゴールまでの道のりが1年として、人のやるぞと決めた日のパッションやモチベーションは、長続きしないものです。また、そのプロセスは、順調にまっすぐ前に進むものではなく、山あり谷ありいろいろあります。大半の人がそこで挫けてしまいます。

ハワイには行きたいけれど、まあ普通の家族旅行でいいか、それなら費用が高い冬でなくてもいいか、ホノルル散歩に出ないならハワイでなくてもいいかと、そのときの想いや目的からどんどん離れてしまいます。

したがって、前述のように、いつまでに何をするのかを明確にして、すぐできる小さいことから始めると、行動に移しやすくなります。また、小さいステップにしておくことで、できない日があっても、また再開がしやすくなります。

そして、目標を設定したら、そのプロセスで自問自答を意識して行うことで、思考力、解決力も鍛えることができます。

〈目標を立てるポイント〉

・目標の主語は「私」にして、「いつ・何が・どうなる」という表現にする
・目標は、ゴールまでの通過点や指標とする
・目標と目標の間にすぐできる小さい目標をつくる

そこで大事になるのがビジョンです。ビジョンとは、こうなったらいいなをありありとそうなっている姿をイメージすることです。目的やゴールを手にしたときの感情やシーンをイメージします。

例えば、「きょう仕事が終わったら、飲みに行こう」と誰かに誘われたとき、生ビールの泡を口の周りにつけて、プハーと美味しそうに飲んでいる自分の姿が浮かんだりしませんか？　それもビジョンです。

先ほどのホノルル散歩でのビジョンは、歩いている途中のイメージやゴールを達成した姿、そのあとの姿ということです。

何色の靴を履いている？　途中の風景は？　どのあたりでサンセットが見える？　ゴールを達成したら皆が拍手で迎えてくれて、写真を撮って、その後仲間とＢＢＱ……などといったことを想像します。できれば、今その状態を感じられるくらい具体的にイメージします。このように想像することで潜在意識に深く刷り込まれていき、「もう叶った」かのような感覚に陥り、夢が叶うスピードが早くなります。

「できないかも」や「できるのかな」と想いながら取り組むのと、できている前提で取り組むの

とでは、叶う確率やゴールが達成できなくとも、手に入るものが格段に変わってくるのです。

最後に目的です。これは、「なぜそれをするのか」という理由です。これがなぜ一番最後かというと、夢を考えた時点で、「なぜそれをしたいのか」という理由は多分わかっていません。けれど、願望の中にその人の人生の目的とかがあり、それと紐づいて夢ややりたいことがあるのです。

こうして夢から自分のやりたいことを考えているうちに、なぜそれを自分がやりたいと思ったのかという目的や大事なこと、その上にもやっとしたこと、普段の生活では考えなくても生きていけるから考えていなかった、けれど人生において大事なもののピースが見えてきます。

ちなみに、組織の目標を考えるときは、なぜそれをするのかという目的のところからあなたやあなたの組織へのミッションや目標が下りてきます。そこに個人の目的や目標を重ねていきます。部下に目標をしつこく言っても、何だかやる気がなさそうなのは、この「何のために」という目的が抜けているからかもしれません。

夢のパワー

具体的には、夢を思い描くところから始まります。夢なので何でもＯＫです。未来も現在も時間軸に関係なく、現状がこうだから無理など状況を考えることもなく、ただ想い浮かぶものをワクワクしながら書き出していきます。個人の夢、仕事での夢、沢山書き出すのがコツです。

研修での目標設定ワークでは、図表９のように夢を１００個書き出しますが、大人になるとそれ

【図表９　ドリームツリー】

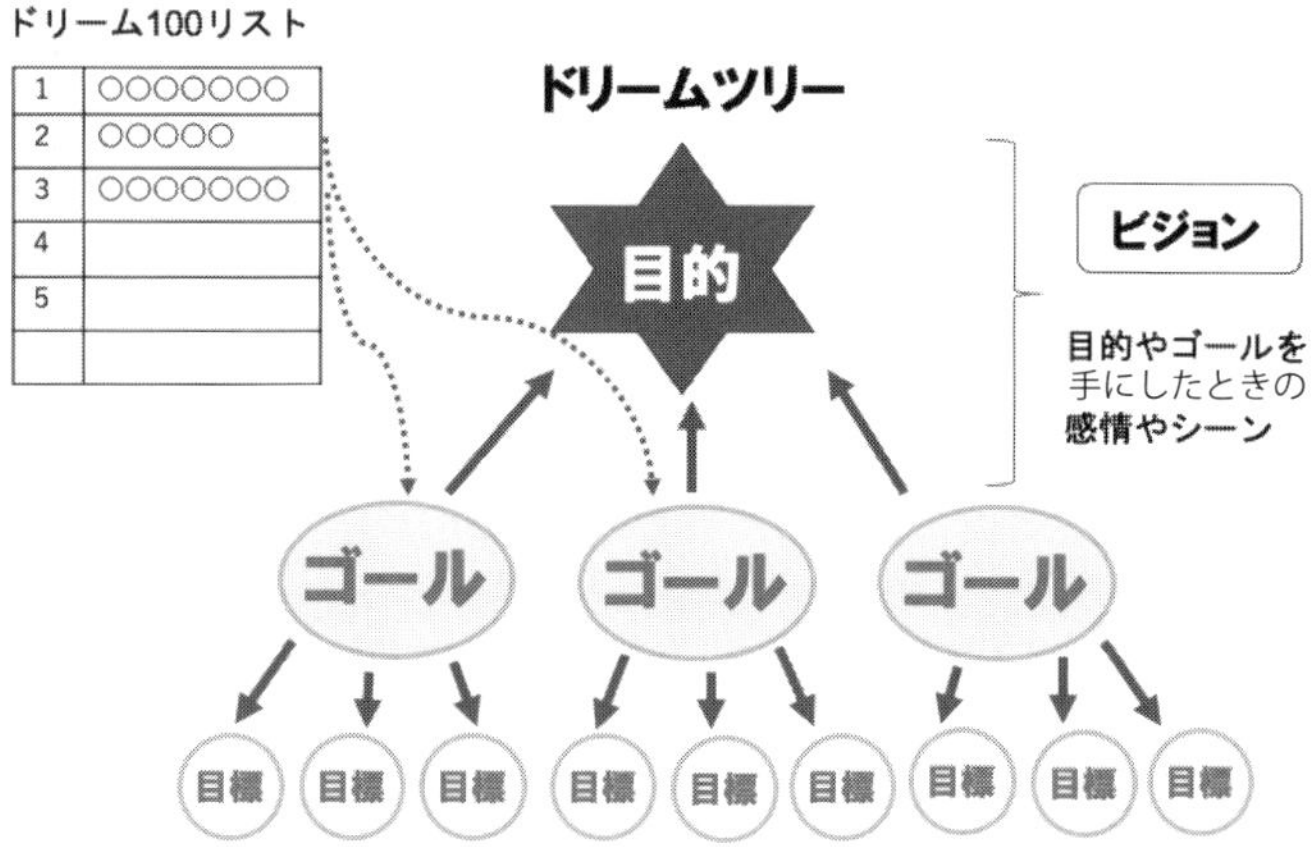

出所：「ザ・コーチ　最高の自分に出会える『目標の達人ノート』」谷口　貴彦著、プレジデント社刊

ぐらい目標を決めて絞り出さないと、夢…夢…と考えても出てこない人も多いのです。

若手社員は、考える習慣がない人も多いので、出てこない上に考えられない、夢がないという人もいます。けれども、誰でも子供の頃は夢が沢山あったはずなのです。小さなものから大きなものまで、毎日、沢山の夢を思い描いていたと思うのです。

なかなか出てこないという人は、「子供の頃何になりたかった？」「子供の頃好きだったことは？」「一番楽しかった時代、何に夢中になっていた？」など子供時代や学生時代のことを想い出すと、出てきたりもします。

小学生の低学年ぐらいまでの子供たちに「夢は何？」と聞くと、「ラグビー選手になる」や「ケーキ屋さん」から、「唐揚げが好きだから唐揚屋さん」なんてユニークなものまで、全員がもう話したくて、お互い競い合いながらあれこれ教えてくれます。

では、なぜ大人になると、だんだん夢を語る人が減るのでしょうか？　子供の頃のユニークな夢を「いいね！」と言ってくれた周りの大人たちが、年齢が上がると「何をそんな夢みたいなこと言って」とか、「もっと現実を考えなさい」など、否定や批判を沢山受けて、「夢は人に話さないほうがいいんだ」と人に話すことを辞めてしまう。そして日常に追われているうちに、だんだん考えることを忘れてしまったからではないかなと、私は思っています。

ある新卒の女性は

ある新卒の女性は、研修後「どれほど考えても夢が出てこない」と少し悲しそうに話に来てくれました。

そこで、私自身の小さい夢から大きい夢までをお伝えし、どう感じたかを聞いてみたところ、笑いながら「そんな小さいものから、叶うわけない〜と思うようなものまで何でもいいんですか？」と言われたので、大真面目にＯＫだと伝えました。

ちなみに、そのとき伝えた小さい夢は、「大好きなお店のモンブランを食べに行く（お店が近所ではないので）」と、「あるプロジェクトをやり遂げたら夫に焼肉を御馳走してもらうこと」でした。

「うん、それならあるかも…。考えてみます」と笑顔で戻りました。

次の研修のとき、笑顔で「見つかりました、こんなのでもいいの？」と教えてくれました。それはここでは秘密ですが、ナイスな夢でした。

その後は、つっかえ棒が外れたように仕事にかかわる夢も出てきて、自分の目標を見つけることができました。

ある40代の男性は

ある40代の男性は、「毎日の仕事に夢なんてないです、家族のために働くためだけで楽しみはないです」と話されたのだけど、好きなことや子供の頃好きだったこと、なぜ今の仕事なのかを考えてみたら、1つ夢が見つかりました。

「仕事上の夢ではなかったけれど、それをゴール設定してみた結果、費用的にも期間的にも無理だ、夢だと思っていた家族旅行が実現しました。その旅行先で、将来（定年後）好きな趣味を楽しみながら今の仕事を活かした仕事をするという夢が1つ見つかり、それを大きなゴールに設定したら、仕事にも目的と目標が見つかり、毎日がガラリと変わったようだ」と報告いただきました。

それを仕事仲間に話していたら、旅行先ではないけれど、似たような環境の場所に支店ができ、栄転の打診をもらったそうです。半分偶然ですが、その仕事ぶりを認められたことと、周りに夢や目標を話していたから周りが応援してくれたこともあったようです。

私は

ちなみに、私の出版も、この仕事を始めたときは、何の根拠もない願望でしかありませんでした。

ですが、「出版したい」と周りに話していると、いろいろ情報が入ってきます。それを意識しているうちに、具体的な目標に変わっていったのです。その頃にはビジョンや目的も明確になっていて、〇年の〇月には出版していると進行形で周りに話していました。そこから2年後、こうして実際に出版に向けて執筆しています。

私は、コーチとしても、沢山のクライアントのサポートもさせていただいていますが、ここに書いたことは奇跡でも偶然でもなく、自分で思い描いた未来に向かって進むということをしていたら、そのとき描いた未来、または本人も気づかなかった未来へつながることが当たり前のように起きるのです。逆に、このクライアントの結果から私自身が自分を信じる力をもらっているとも思っています。

日本には、昔からの風習で「予祝」というものがあります。願望が叶った前提で先にお祝いするものです。真偽は定かではありませんが、お花見の由来も、秋の豊作を先にお祝いしてしまうという意味があったとか。

このように夢を思い描くだけでも、人の未来はその願望に向かって進んでいきます。それぐらい夢にはパワーがあります。小さい、大きい関係なく、まずはあなたの「どんな夢がある？」を思い描くところから初めてみてください。

そして、若手社員とも飲み会の席などで「〇〇君の夢って何？」と存分に夢について語ってみてください。

ゴールを設定する４つのコツ

ゴールを設定するには、次のような4つのコツがあります。

① 日付を入れる

夢を沢山（沢山でなくてもOK。考えてみることが大事です）描いたら、その中から1つを選び、その夢に日付を入れます。この日付を入れるという行為がとても大事です。

例えば、東京オリンピック。東京でオリンピックが開催されることが決定し、日付が決まったときから、若手のスポーツ選手の活躍が目覚ましくなり、いろいろなスポーツが強くなりました。ラグビー、女子ゴルフ、テニス、陸上…などの種目で、次々と記録が塗り替わっていきました。

オリンピックというゴールと日付が設定されたことで、若手スポーツ選手がオリンピックに出るために何をすればいいか？　と意識が動き、各大会で日本人の記録を塗り替える活躍が生まれたのです。

② ゴールは少し遠くに置く

ゴールを設定するときの大事なポイントがもう1つあります。それは、ゴールは実際より少し背伸びして手が届くかどうかのところに置くことです。

水泳の北島康介選手の記録が伸び悩んだときのエピソードをテレビで見たのですが、水泳はプールの壁に指先がタッチした時点がゴールです。普通ならそこをゴールと意識します。ところが、誰でも、あと少しでゴールだと思うとその手前で力が抜けます。この一瞬のロスが記録を大きく作用します。

そこで、意識するゴールを少し先に伸ばすことにしたのだそうです。指先がプールの壁に触れ、さらに振り返って、電光掲示板のタイムを確認するその瞬間をゴールに設定しました。結果、プールの壁に指がタッチした時点ではまだゴールではなく、通過点となります。すると指がタッチする直前で気持ちが緩まなくなり、そのままの勢いでゴールすることができるようになって、タイムがぐんと伸びたというものです。

何となくわからなくはないですか？　私たちの日常でも、あと少しで終わるとゴールが見えてくると気持ちがほっとして、今までのペースより遅くなりがちです。「後少し、気を抜かないで、最後までいこう」なんて掛け声があるのは、まさにゴールを意識すると、その時点で気が緩みがちになるからです。

私たちがゴールを設定するときも、目指すゴールより少し上、手を伸ばしたら届くぐらいのゴールを設定するのがおすすめです。

③　ゴールは達成できなくてもＯＫ

目標設定をすると聞いて、あなたはワクワクしますか？　私は、ワクワクどころか、ちょっと苦手でした。多分、若手社員もあなたも同じという人が多いのではないでしょうか。なぜかというと、私たちは、子供の頃から、設定した目標は達成するものとされてきました。設定した目標を達成したら褒めてもらえる、１度言ったことは達成しないとダメ、達成できる子は優等生といったイメージです。

1度口に出したらやり遂げないといけないと思うと結構なプレッシャーですね。私の場合、夏休みなどプランを立てるのは楽しいのですが、達成できた試しがありません。小学生の頃は、あまり達成できなかったことを気にしていた記憶はないのですが、受験勉強など、目標設定をしても「達成できなかった」という経験を何度もしているうちに、目標を立てると聞くと何となくしんどくなっていきました。

そして、組織に入ると、上司によって目標を管理されるようになります。それが達成できたかどうかが評価の基準になるので、自然にできることしか口にしなくなり、実現可能なことしか目標にしないようになっていくのです。

目標管理という言葉は、「目標を管理する」のではなく、「目標によって管理する」とも解釈できます。「管理」には、「よりよくする」という意味が含まれています。目標を管理するのではなく、目標を使ってよりよい未来を手に入れる（目的を達成する）という意味になります。同じ単語ですが、使い方が違うと意味が変わってきますね。

ここでは、目標を使ってよりよい未来を手に入れるためのゴール（目標）を活用する方法をお伝えしています。ゴールは目指すけれど、それだけに囚われて自分を見失わないことが大切です。

④　ゴールを達成するまでのプロセスが大事

目標を使ってよりよい未来を手に入れるという視点から見ると、ゴールを達成することだけでなく、ゴールを達成するまでのプロセスにとても意味があります。

プロスポーツ選手の試合後のインタビューを聞くと、結果はどうであれ、「今回の課題はこれなので、次は…」と、もう次に向かって進んでいることがわかります。毎回の成績も大事ですが、「何のために」という目的とゴールがセットであり、そこまでのプロセスで何をしてきたか、この反省を次にどう活かすかを大事にしているから、前へ進み目標を達成していけるのです。

私たちも同じです。夢、目的、目標、ゴールを明確に設定して行動していくことで、そのプロセス（過程）でいろいろなものを得ることができます。

例えば、同じ価値観を持った仲間／協力者／知識／経験／新しい興味／新たな自分の発見／やりがい…など、ゴールを目指し、進むプロセスの中で、沢山のものを手に入れることができます。

目標に向かって努力することで人は成長します。目標に向かって努力すれば、たとえそれが叶わなかったとしても、精神的に強くなり、新たな未来を歩くきっかけになることもあります。

〈ポイント〉

・夢を思い描くだけでもＯＫ
・夢の大小はなく、自分のこうなりたい、ありたい、こうしたいを描く
・ゴールは夢に日付を入れたもの
・ゴールは到達した瞬間、通過点になる
・ゴールは手が届くより少し先に置く

・ゴールは達成できなくてもＯＫ
・ゴールまでのプロセスで手に入るベネフィット（恩恵）を大事にする

夢を思い描くだけでも、自分の潜在意識に刻まれるので、ぜひ夢を沢山描くところから始めてみてください。そして、一番気になることに日付を入れてみます。

夢や目的やゴールを目指す人生を始めると、人生の道のりで見る景色が変わってきます。山を１つ登るとまた新たな山が見えてきます。そして、また次の山…。これが人生の成長階段を上がるということです。ここから動き始めるので、ぜひ若手社員の方と、あなた自身もやってみてください。

期待を伝える

若手に対して、なぜ、イライラ、モヤモヤするのか。それは、若手への期待もあるからです。そんなときは、こうなってほしい、こうしてほしいという気持ちを素直に言葉にして伝えましょう。このとき、誰から、どんな期待があるのかを明確に言葉にします。期待は、言い換えると相手へのリクエストです。伝わり方が間違うと文句を言われている、やることを押し付けられている、上から目線とも取られてしまいます。

その一番の原因は、主語がないからです。誰がが、あなたなら「私は」ですし、若手が尊敬する第三者や、チームなら「私たちは」です。その後に「期待していること」を伝えます。内容によっては理由「なぜなら○○だからね」の順番です。

「私は、A君に期待しているんだよ。なぜなら初受注がなかなか上がらなかったよな。けど諦めず明るく頑張ったよな。それが今につながっている。また、新しい挑戦だけど、A君ならやれる。そう私は思っている、応援しているから」みたいな感じでしょうか。

くれぐれも期待やリクエストは、こちらサイドの希望です。若手社員が受け取っても受け取らなくてもOKというスタンスで、押しつけにならないことが大事です。

正論で人は動かない。あなたが経験を語れる人になる

若手社員と話していて感じることは、「〇〇さんのようになりたい」という憧れの先輩やロールモデルになる人を求めている人が多いということです。

常に、「こう進むんだよと」と進む道を示されてきて、自分で考えて決めることをする機会が少ない世代でもあります。そんな若手社員からすると、自分で道を切り開いていく先輩はかっこいい、営業職だと成果を出している先輩はかっこいい、真似したいと思います。同時に、そんなにすごいのは〇〇さんだから、自分とは違うから。自分には無理とも思ってしまいます。

あなたが若手社員と向き合うとき、つい立派な誰かの成功本やエピソードを参考にしようとするかもしれません。けれども、あなたも経験はありませんか？　他の人の成功事例を読んで、なるほどと参考になったことを真似することはできるけれど、その人ではないから上手くいかない。

若手社員も、誰か知らない人の体験談を望んではいません。知りたいのは、あなたのリアルな生の声、成功だけでなく、失敗も、自分の弱いところも、全部ありのままです。その経験を話してください。先輩でも売れなくて悩んだことがあるのか、今でもそうなのか、先輩も私たちと同じ頃があったのか、それでいいのです。

若手が心を引かれるのは、立派な本に書いてある正論より、あなたがリアルに体験してきたことです。それをあなたが語ろうと思うと、体験を経験という宝物に変えて活用しているか、体験のまま終わっているのかによっても変わってきます。過去の実績に囚われるのと経験として語るのは違います。あなたはどうですか？　ぜひ体験を経験として活用し、語れる人になってください。

余談：ドリームキラーには気をつけて

夢を語ると必ず否定したがる人がいます。「そんな夢みたいなことばかり言って」「叶うわけないよ」「現実を見たら？」。そんなドリームキラーの周りには、「でも」「だって」「どうせ」が口癖なドリームキラーな人が集まります。

あなたが若手社員のドリームキラーにならないのもそうですが、あなた自身もドリームキラーを身近に発見したら、影響される前にそっと離れて、「いいね」「おもしろいね」「素敵だね」と応援してくれる人にあなたの夢を語りましょう。

※読者プレゼントとして、「夢を叶えるシート」と「ゴール達成シート」を用意しました。巻末に「ダウンロードＵＲＬ」があります。ぜひ活用してください。

第6章　若手社員が自ら育つ効果的なコミュニケーションスキル

1　テクニックより関係性が大事

スキルが活きるための大切なことをおさえる

ここまでで、自分がどう目の前の若手社員と関わりたいのか、それはどうしてかを自分でわかっていること、つい自分でなく相手を何とかしようとするけれど人はコントロールできないこと、そうした姿勢が自分のあり方として相手にも伝わること、それをやっていくための考え方やトレーニング方法を伝えてきました。

本章では、具体的なスキルをいくつかご紹介していきますが、ここまでやってきたことがベースになります。信頼できない相手とそれ以上の関係性はつくれないからです。

「若手とよい関係性ができた」――それだけでもお互いにとって十分価値があります。

ここでは、その関係性をベースに、私たちプロが使う何百のスキルから、若手社員が主体的に育つ、すぐ実践できるいくつかをお伝えしていきます。もちろん、自身のあり方を磨くことにも有効です。

なお、スキルを知ると、ついスキルを使うことに意識がいきます。スキルの前に関係性が大事だということを忘れずに、スキルを磨く練習をしてください。

また、相手のことを想って本気で向き合うと、「言いにくいこと」を伝える場面も出てきます。そのときに勇気を持って言えるかどうかですが、ここまでのことを実行していただいてきたら大丈夫です。

もし、うまく伝わらなくても、人と人との関係性は、小さい信頼の積重ねです。今までの貯金がありますす。ちょっとどうだろう…と感じたら、関係性を整え直すことをしてください。

そして、あなた自身のあり方を若手社員は見ています。ご自身も自分を磨くことを続けていくことが、若手社員との信頼関係を積み上げていくのに大切になります。

2　若手社員と信頼関係を構築する話の聞き方

傾聴

信頼関係を構築する話の聞き方のコツは、「傾聴」です。

日常、私たちは、人の話を何となく受け流しながら聞いています。そして、その話を聞きながら、「この話面白そう」「自分の役に立つかも」と思うと興味が湧き、聞きたいと思ってはじめて「聞く」が成立します。つまり、日常の「聞く」は、聞き手にとって必要な情報を収集することが目的となる聞き方です。

一方で、傾聴の「聴く」の目的は、漢字がその意味をよく表しているのですが、心に耳を傾けて聴くとあります。つまり、相手の気持ちをわかろうとしながら聞く聞き方です。相手の言わんとしていることや言いたいことを、深く理解することです。

あなたは、誰かに沢山話を聞いてもらったという経験ありますか？

例えば、すごく嬉しいことがあって、それを誰かに聞いてもらってとても楽しかったという経験や、辛い・悲しいことがあり、とことん話を聞いてもらってすっきりとした、少し楽になった経験です。これはあるかもしれません。

さらに、アドバイスや余計な励ましなどを挟まずに、「本当に？」「そうなんだ」「へー」と相槌を入れたり、頷いたりしながら、とことんあなたに話させてくれたという経験です。多分、この経験は少ないのではと思います。

もし、あなたの身近にそんな人がいてくれたら、あなたならどうでしょうか。自分の話を一切のジャッジをせず、ただ聴いてくれる存在です。たぶんその人に対して「私を信頼してくれている」「この人は私のことを本当にわかってくれている」と感じ、相手に全幅の信頼を寄せるのではないかと思います。

つまり、傾聴とは、相手の話を聞くことではなく、相手が話したいことを自由に話させるスキルであり、相手からの心からの信頼を得ることです。

このように同じ「聞く」でも、目的によって聞き方が違います。傾聴の「聴く」とは、相手が話したいことを話し、その気持ちを受け止める聞き方です。結果、相手との間に信頼が生まれます。

相手の話をジャッジせず、遮らずに聴くことが大事ということはわかったけれど、自分の意見や考えと違うときはどうするのか、何も言ってはだめなのかと、皆さん悩まれるようです。

それぞれ価値観も考え方も違うので、相手の考えを受け入れる必要はないのですが、もし、あなたが相手の話を聞いて、「そうじゃなくて」「それは違うと思う」などと言われたら、否定されたと感じ、それ以上話したいと思わなくなります。

ここで大事なポイントは、「受け止める」と「受け入れる」の違いをおさえておくことです。「私もあなたの意見と同じです」「私もそう思う」と受け入れることが同感です。「そうなんですね」「なるほど。あなたはそう考えるのですね」と相手の考えを受け止めることが共感です。

受け入れるのではなく、受け止めると考えると、同感はできなくても共感はできそうではないですか？　この違いがわかってくると、相手の話に同感できなくても、相手が自分の話したいように自分の想いや考えを話すことを聴く姿勢ができるようになると思います。

人は皆、それぞれの価値観で物事を判断し、決定して生きています。その価値観はそれぞれの生い立ち、育った環境、家族、出会う人などで変わってきます。同じ屋根の下に暮らす家族であっても皆違います。その価値観によし悪しを他者がジャッジすることはできません。

逆に、「そういう考えなんですね」「なるほど、そんな考えもありますね」と自分の価値観に共感してもらえると、相手はあなたに心を開き気持ちよく話ができます。

〈ポイント〉
傾聴の目的は、相手のよき理解者になること、若手社員との信頼関係の構築です。

より聴くために何を意識しますか？　ここでは、ポイントを3つお伝えします。

①　ページング

ページングとは、相手のペースに合わせることです。例えば、あなたがとても早口なのに、相手がゆっくりとしたペースだとしたら、どうでしょう。何となく調子が狂いますね。相手のペースや声の大きさ、トーンに歩調を合わせるようにすると相手も話しやすくなります。

②　笑顔とアイコンタクト

この笑顔は、満面のスマイルという意味ではありません。相手の緊張をとき、話しやすい環境をつくるためのリラックスしたあなたの表情です。基本は穏やかな笑顔です。

「イ」の口の形で口元を軽く閉じます。笑顔は、目と口の表情でつくられますが、口元は筋肉運動なので感情が伴わなくても口角を上げることでスマイルがつくれます。普段つい真剣になると顔が怖くなるという人は、鏡を見ながら練習してみてください。

アイコンタクトは、相手と目を合わせることです。話の間中、相手と目を合わせておくということではありません。相手があなたはちゃんと私を見てくれていると感じられることがポイントです。

ちなみに、相手の首元（男性だとネクタイの結び目位）から、おでこあたりまでにあなたの視線があると「見てくれている」と感じます。

じっと相手を凝視するのではなく、そのあたりに視点を置きながら、話のポイント、ポイントで目を合わせる感じです。

【図表 10 オートクライン】

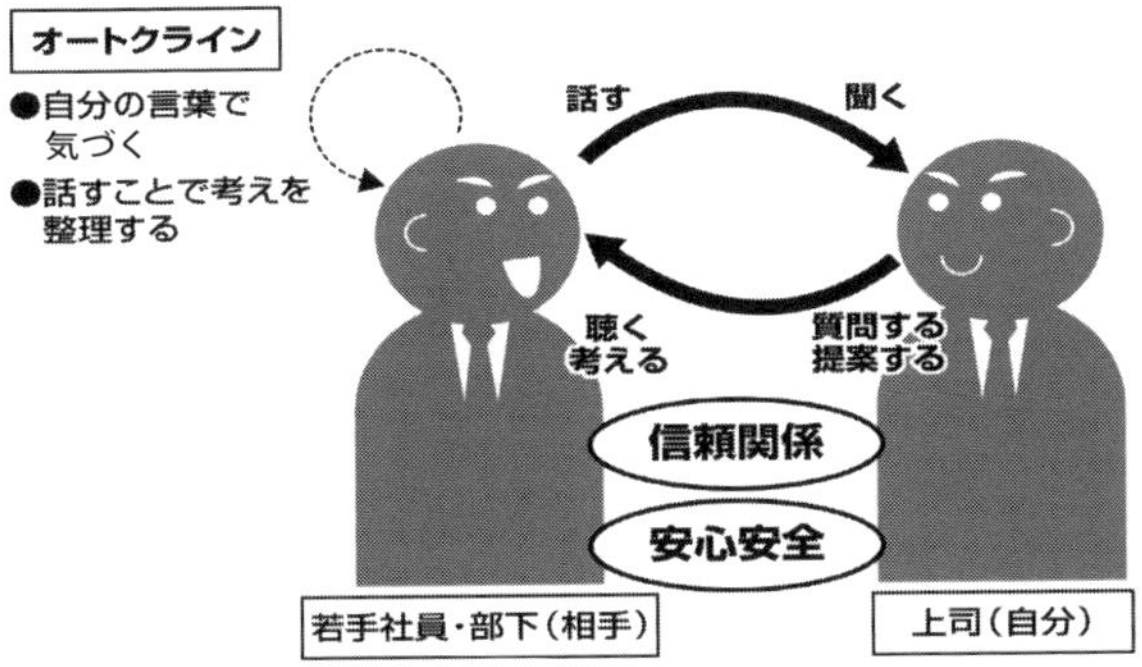

③　あいづちとうなづき

人は、視覚と聴覚で物事の大半を認識しています。ですから、相手がリアクションすることなく、無言で話を聞いていたら、あなたはとても話しにくいと思います。たとえ聞いている側が一生懸命あなたの話を聞いていたとしても、リアクションがなければ、あなたに聞いていることが伝わらないのです。

今どきの若者は、このうなづきをはじめ、リアクションをあまり取りません。新入社員研修でも、最初はほぼノーリアクションに近い状態で、じっと私を見ています。熱心に話は聞いているのですが、わかっているのか、いないのか、こちらには相手の様子が全くわかりません。「ここまで大丈夫かな？」「……」「大丈夫なら手を上げるかうなづいて」でようやくうなづく。何度か繰り返すうちに、だんだんうなづきやリアクションが増えてくる感じです。

こんな状態だと、前で話す人はどうなるか？　だんだん脳がフリーズして話せなくなります。

クライアント先での例です。

その年は、会社都合で入社式の前に研修をすることになりました。すると、入社式後、社長が「今年の新卒はとても優秀だ」とすごく褒めています。どうしてそう感じるのか理由を尋ねると、「今年の新卒は、うんうんと私の話をとても熱心に聞いていた。皆のやる気が伝わってきて、私の話にも熱が入った」と言われたのです。その年は、先に研修をしていたため、新入社員に話を聞く姿勢ができていたのです。

期せずして社長も満足、新入社員も優秀という評価を得ることができました。それぐらい「聞いているよ」という態度が、話し手にも聞き手にも大きな影響を与えるということです。

このうなづきに声がついたものが、あいづちです。「なるほど」「そうなんだ」「へー」「ふんふん」「わかるよ」と相手があいづちを打ちながら話を聞いてくれると、話し手はとても話しやすくなります。「それで、それで」と興味を示しながら話を聞いてくれると、もっと話したいとなるでしょう。

豊かなあいづちが打てるように練習をしていくと、相手が気持ちよく沢山話をするようになります。若手社員とあなたの関係性も、若手社員の成長にも大切な傾聴のスキルになります。

〈ワーク〉

若手社員と1分間の傾聴ワーク

① 話題にするテーマを決める（例・最近あったいいこと、今月やりたいことなど）

② 話し手、聞き手を決める

③　聞き手は３つの聞き方を意識する。あいづち以外、口を挟まない
④　１分で終了、交代する
⑤　話してみてどうだったか、聞いてみてどうだったかを話す

3　若手社員が自ら考え自ら行動するために

若手社員の本音と本気を引き出す

信頼関係を構築する聞き方ができるようになったら、若手社員の本音と本気を引き出し、自ら動ける人になるためのさらに上のレベルの関わり方を目指してみてください。

若手社員自らが積極的に悩みや目標を話し、自ら考え、行動し、メンバーへ影響力を持つ人材に成長してもらうためには、「相手に能動的に働きかける聞き方」と「相手の話を聞き分ける」コミュニケーションが取れることが大切になります。

相手の話を聞き分ける

具体的には、五感（目・耳・舌・鼻・皮膚）を使って相手の話を感じ取る聞き方です。

人の話が言葉どおりに相手に伝わることはありません。また、すべてを語ってくれるわけでもありません。本人も気づいていないこともあるでしょう。そういった言葉の後ろにあるものを感じて、

「相手は何を言わんとしているのだろう?」と相手の話を聞き分けながら、同時に相手への働きかけを行っていきます。

若手社員の育成でいうと、「相手が行動できるように、目的を持って聞く」ことです。

相手の話を聞き分けるには、次のように4つのレベル(深さ)があります(図表11参照)。

① 相手の言っていることを聞く

② 相手の言わんとしていることを聞く

③ 相手が言っていないこと(言わない、言いにくい)まで聞く

④ 本人も気づいていないことを聞く

あなたは普段、若手社員の話をどのレベルで聞いていますか?

ご自身でチェックしてみてください。

例えば、忙しい時間を割いて病院に行ったと想像してみてください。長時間待たされた挙句、簡単な問診だけで「胃腸炎ですね」と言われたらどんな感じがするでしょうか?

患者の話の内容や仕草などから、患者も気づかないレベルまでヒアリングできている医者(③、④レベル)と患者の言葉だけ聞いて処方する医者(①レベル)とでは、診察の長短にかかわらず治療内容も、患者に与える安心感も、大きな差が生まれます。

現在、オンラインでの面談や会議が増えています。オンラインの弱点は、リアルと違いお互いの様子が伝わりにくいことです。そのため、「元気?」「元気です」などというやりとりを①レベルで

聞いてしまうと、相手の背景、様子、表情、言葉のニュアンスなどがわからないためズレが生じます。それゆえ、「この話の目的は？」「何を言わんとしているのか？」を五感をフルに使って対面する以上に聞き分けようと意識することが重要になります。

普段から、若手社員との会話において言い出しにくいことや本人も気づいていないことに意識を向けている上司なら、若手社員のちょっとした変化に気づくことができます。

例えば、「何か困ったことがあるのか」「何か悩んでいるのか」とこちらから言葉をかけたり、話す時間をつくったりと対処することができます。結果、いつも気にかけてもらっているという承認欲求を満たします。悩みが解決し、話を聞いてもらえたことでやる気が生まれ、自主的な行動が増えることで早期育成につながったりします。

聞くレベルを上げるポイント

では、どうすれば、「聞く」レベルを上げることができるでしょうか。

一番簡単な方法は、問いを立てながら相手の話を聞くことです。普段から意識して練習をしてみてください。自然と深いレベルで話が聞けるようになります。

「言っていることは何だろう？」「本人も気づいていないことは？」と、「？」をつけながら話を聞いていると、相手の言葉以外の表情やニュアンスや相手の話していることが自分事として捉えることができるようになり、自分の中に入ってきます。

【図表11 聞くレベル】

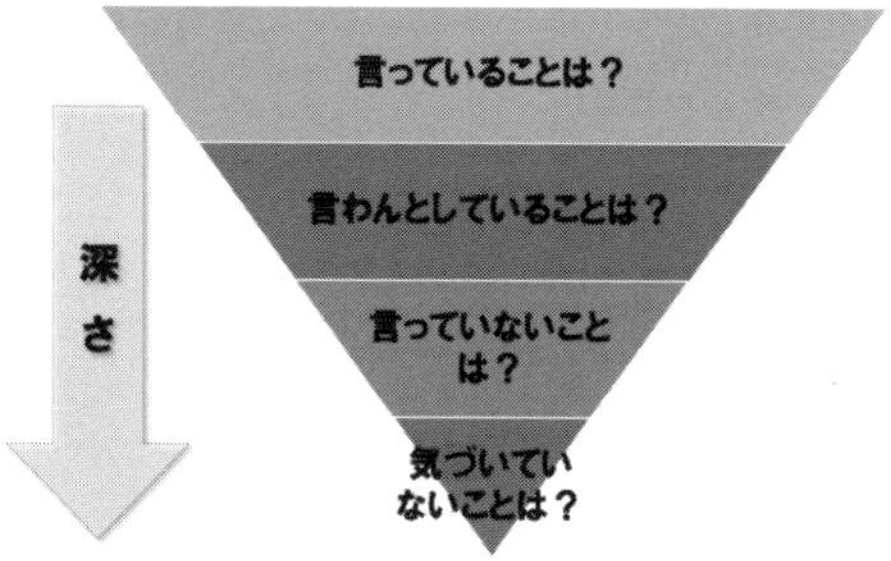

問われると、人は反射的に考えます。脳がその答えを一生懸命探します。

例えば、あなたが周りの誰かとたわいのない話をしていたとします。「昨日の番組のあの歌手誰だっけ?」と聞かれて、「誰だっけ?」と答えが出てこないとき、答えを見つけて完了しなければずっと脳は答えを探し続けます。答えが出てこないと、「うーん、思い出せない。気持ち悪い」と気になるのはそのためです。

問われると考える、答えが見つかるまで考えようとする、これが脳の特性です。

また、問われたことに焦点が当たります。

例えば「好きな食べ物は?」と聞かれたら、「何が好きかな?」と頭に浮かぶのは、いろいろな食べ物や料理ですよね。全く違う物を思い出すことはありません。

この性質を利用して、ぜひ相手の話を聞いてみてください。「話を聞こう」と意識するよりも、相手の話している内容に自然に興味が湧きます。言葉の後ろにあるいろいろなもの(感情や気持ちなど)に気づけるようになり、リスニング力が高まります。

相手に能動的に働きかける聞き方

能動的とは、自分から働きかけ、相手に作用（効果や影響）を及ぼすということです。一言で言うと、「相手が自分を知るために沢山話させる」ことです。沢山話すことで、話し手の気づきを引き出していきます。

ここまでの関わり方と傾聴によって、若手社員は、自分が好きなように、何を話してもあなたはちゃんと聞いてくれると感じていると思います。若手社員が自発的に悩みや夢や思いを沢山話しているところに、さらに相手に効果を及ぼす聞き方や質問ができれば、若手社員は自ら気づき行動したくなり、主体的に動くことができるようになります。

作用を及ぼす目的は、相手が自分のことをより広く深く知るためです。決してあなたの答えの方向に誘導するためではありません。相手がより自分のことを広く深く知るためには、あなた自身が「人は何によってつくられているのか」に興味を持ち、知っておくことが大事です。そして、それを相手から引き出していきます。

人は、何でできている？＝その人の今を構成しているものです（例・生い立ち／性格／思考／感情／価値観／信念／夢／習慣など）。

あなたは、自分や他者をこのように分解してみたことはありますか？　多くの人は、これらの要素が今の自分をつくっていることを考えてみたことがありません。相手もそうです。

ですから、ある言葉を相手が繰り返していたとしたら、「さっきから、○○という言葉がよく出てくるけど、その言葉を使う根底には何があるの?」と問うて、自分の信念や思考を知るように働きかけます。

相手が、いくつかの選択肢の中から1つを選択をしたとき、「それを選んだのはどうして?」や「本当?」と、自分の中にある優先順位や価値観に働きかけます。

相手が話しながら声のトーンやしぐさに変化があったら、「今、声の感じや表情が変わったけど、内側で何が起きているの?」とか、「今話をしていて、どんな感じ?」など、自分の行動と感情の関係性を知るように働きかけます。

今の自分が内にあるものは何によってつくられているかに意識が向くと、相手は望む自分になるためには自分の何をどうすればいいかがわかっていきます。そうすると、自分で動きたくなります。これが傾聴よりさらに深く相手に作用して、効果を生むことになります。

ここでは、相手に能動的に働きかけるためのポイントを4つご紹介します。

①　促し

話が続かないとき、もっとその内容を話してもらいたいときに有効なあいづちです。「そうなんだ、それで?」「ふーん、他には?」「それから?」「もっとある?」「それってどういうこと?」「と、いうと?」

②　リクエスト

話し手の行動を促進します。上級編としては、話し手の目標や「やってみる」という発言を聞いく、さらにチャレンジできそうと思ったときにリクエストします。押しつけにならないよう、関係性ができていることが大事です。

また、若手社員から「～をやってみます」というコミットが生まれたら、「次回までにやってみてね」とリクエストをしてみます。人は、期限が決まるとそれを意識しますので、約束するのとしないのとでは、実現率が変わります。

「あなたならできるよ。ぜひやって」「いつやるの？」「次、結果を教えてね」

③　リフレイン

相手の発言を反復します。

「疲れた」→「そうか、疲れたんだね」「うれしかった」→「うれしかったんだね」

④　沈黙

話し手が黙っている理由は大きく分けて２つあります。考えているのか、何も考えていないのか。どちらか観察しましょう。

考えている沈黙なら、待つことも大事です。ページングのところにも書いたように、それぞれ話すスピードや考える時間が違います。今、会話のボールはどちらにありますか？　相手にあるなら、相手が投げるまで待ちましょう。フランスでは、「沈黙は天使の贈り物」という言葉もあります。

答えは出なくてもＯＫです。なぜなら問われると自然に人の脳は考えます。答えが出ない状態は、未完了として残り続けるからです。考えることが大事です。

内容によっては、「次回、また教えて」と約束するのも有効です（図表10参照）。

質問上手になる

より積極的に話し手の気づきを引き出していくもう1つのスキルが質問です。相手の気づきを引き出していく質問なので、日常の質問とは違います。

私が本書でおすすめする質問とは、相手が本来持っている自分の力を引き出し、自分の力で目標を達成し、成長につながる質問です。質問には図表13のような効果とパワーがあります。使いこなすには、質問に慣れること。どんどん練習して、質問力を磨いてください。

〈質問3つの種類〉

質問にはいろいろな分け方がありますが、ここでは代表的な3つをご紹介します。

① オープンクエッションとクローズドクエッション

クローズドクエッションは、「はい、いいえ」や「A or B」で答えられる質問です。主に事実や意見を明確にするために、質問側があらかじめ答えを用意し、選ばせます。

- 「きょうは電車で来ましたか?」→「はい」
- 「お昼ごはんは中華と和食と洋食どれがいいですか?」→「和食がいいです」
- 「もう提案書出した?」→「まだです」
- 「その資料は、今週中にできる?」→「はいできます」

このようにすぐ返事が返ってくるので、確認したいときにはとても便利な質問です。

一方で、オープンクエッションは、一般的には５Ｗ１Ｈを用いて質問し、答える側が自分の考えや想いを自由に話すので、答えは様々になります。

・「きょうは何を使ってここまで来ましたか？」→「きょうは電車で来ました」

・「お昼ごはんは何を食べますか？」→「暖かいものが食べたいです」

どちらも用途が違う重要な質問ですが、相手のための質問にはオープンな質問が適しています。オープンクエッションを意識してみるとわかるのですが、私たちはついクローズドクエッションを多用しています。

相手のための質問のときは、オープンクエッションを使いますが、選択をするとき、確認するとき、行動を具体化するときなどはクローズドクエッションを使います。

ぜひ、クローズドクエッションをオープンクエッションへ、オープンクエッションをクローズドクエッションへ変更したりしながら、オープンクエッションに慣れてください。

オープンクエッションだとどんなことに気づくのか、新しい視点が持てるのかを体感し、オープンな質問を使いこなせるよう、磨いてください。

②　５Ｗ１Ｈ

オープンクエッションは、この５Ｗ１Ｈを押えましょう。この質問を使うことで、将来のイメージが広がったり、理由がわかったり、何をやるのかが明確になったりします。これを５Ｗ２Ｈや７

【図表12　5W1H】

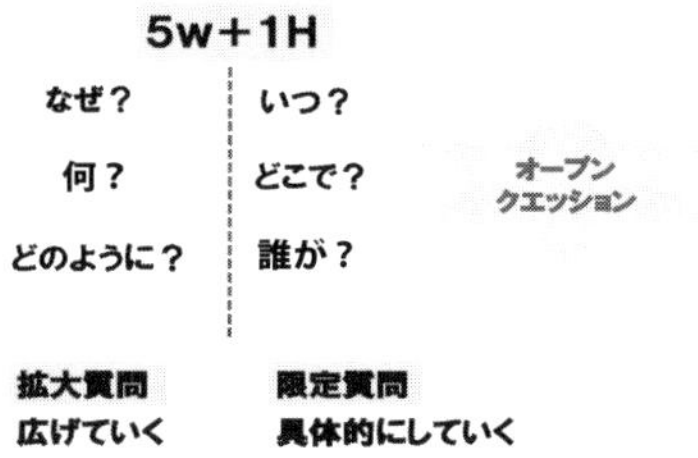

W2Hに展開して使ったりしますが、ここでは5W1Hで説明します。

図表12の右と左のグループの違いはわかりますか？　実は、意図的に書き分けています。左側と右側では質問の目的が違います。

右側の質問、「いつ？」だと、「明日」や「4月1日」など、具体的な時が返ってきます。「誰？」だと必ず人が返ってきます。「どこ？」なら場所が返ってきます。このように短い単語での返答が可能です。答えの種類が限定されるので、限定質問と言われます。より具体的にしたいときに使います。

左側の質問は、答えは自由です。どんな答えでもOK。限定質問と比べて答えるのに時間がかかります。答えていくうちにどんどん広がっていくので、拡大質問と言います。

どんどん発想を広げていくときには、拡大質問を主に使い、最終的に行動を限定していくときには、限定質問を使っていくことが多くなります。

③　チャンクダウン・チャンクアップ

チャンクとは、肉の塊という意味です。チャンクダウンとは、肉の塊を砕くという意味なので、抽象的な話を具体化していきたいときに使います。

例えば「次の休みにどこかに行きたい」という話になったとします。「いつ行く？」「次の休み2日間で」「どこに？」「温泉がいいな」「どんな？」「近くで、ゆっくりできるところ」「どうやって行くの？」「車」というように質問を重ねていき、具体的なプランまで落とし込むことができます。

チャンクアップは、チャンクダウンの反対で、抽象化したいときに使います。

例えば、ゴールを設定するときに、ゴールを達成した姿をイメージ化することで、ゴール達成のモチベーションを上げたり、実現までの具体的な行動が浮かびやすくなります。

「ゴールを達成したあとはどんな気持ちですか？」と質問されたら、ゴールを達成した自分をイメージし、その気持ちを感じようと思考が進みます。


自分が知りたいことを知る質問と相手のための質問

質問は、目的によって2つに分けることができます。日常の中で、自分が知りたいこと、確認したいことを知る「自分のための質問」と相手の可能性を引き出す「相手のための質問」です。

普段、皆さんは、無意識にこれらを混ぜて使っています。

自分のための質問の目的は、自分が知りたいこと、確認したいことなので、情報共有やヒアリングの目的で使われます（例・「○○さん教えて？」「それは何ですか？」「これでいいですか？」など）。

この日常における質問も大事な質問です。あなたと若手社員の情報共有ができていなければ、そこからミスコミュニケーションが生まれて、時間のロスやストレスにつながります。信頼関係と質問の仕方によって仕事の精度とスピードが変わっていきます。

ここでは、若手社員の本音と本気を引き出し、可能性を広げるということが目的なので、相手のための質問になります。

・「どうすれば期日に間に合うかな?」
・「どのようにすれば遅刻が減るかな?」

ポイントは、あなたが知りたい質問ではなく、相手のための質問(答えは相手の中にある)をしていくということです。質問の目的は何かを意識するだけでも、質問力の上達スピードは劇的にアップします。

質問の効果とパワー

私たちの脳は、すごい能力があるにもかかわらず、自分の興味や関心事でセーブしています。

相手のための質問は、その人の持っている視点やそういったものをパッと違うところに移動させます。そうすると、見えていなかったものが「あった」となります。そこにあっても気づいていないものに、質問で意識が向き、気づくことができます。

私たちは、普段から自問自答しています。問われると考えます。考えると、アイデアや気づき、

【図表 13 質問の効果とパワー】

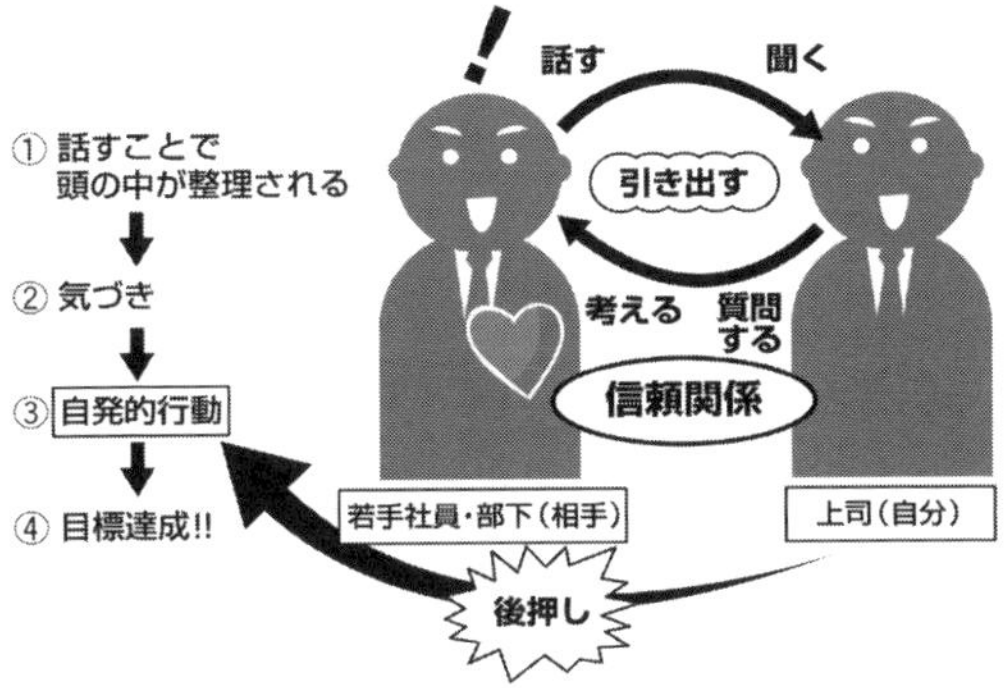

いろいろなものが自分の中から引き出されます。

ここで相手の自問を置き換える、相手のための質問をあなたがすることで、この効果を生むことができます（図表13参照）。

質問の心得６箇条

ここで質問の心得をまとめておきます。

①　目の前の相手に集中しよう

質問を知ると「よし使ってみよう」となり、質問することばかりに意識が行ってしまいます。人は、どうしても、何かに集中すると、他のことがおざなりになります。

例えば、こんなことです。

質問という新しいアイテムを知り、自身もその効果を体感します。そして、「これはいい、やってみよう」と思って、職場に戻り早速実践します。ところが、研修で体感したようにうまくいきません。

なぜか。「質問すること」に意識が行き過ぎてしまい、相手を質問責めにしてしまっているからです。相手の声をちゃんと聞いていない、相手をちゃんと見ていないのです。単にたくさん質問をすれば成果が出るというわけではないのです。

「質問にすればいいんだ」と、いつもの指示命令を質問スタイルに変えただけや、「たくさん質問すればいい」と勘違いしてしまい、かえってお互いの関係性が悪くなることもあります。

これが、質問することが目的になっていて、相手に集中できていない状態です。

そもそもの目的は、「相手が自分の答えを見つけること」であり、質問はその手段の1つです。答えは相手の中にしかありません。

話し手が沢山話し、自分の耳でその言葉を聞くことで、自ら「気づく」ことができるのです。そのためには、まず相手が沢山話したいと思って沢山話すことが大事です。

話すだけでも、相手の中には気づきが生まれます。「この気づきからやってみよう」「やってみたい」「どうすれば」という主体的な行動が生まれるのです。

質問は、それを引き出すことをサポートするツールです。どんな質問をすればいいかは、目的によって変わります。

相手の話を聞くときは、8割は相手が話したいように話してもらいます。その上で、「これ」という質問をするぐらいの心構えで臨んでください。

集中するのは「相手」です。相手のための質問は、「何を質問しよう」と考えるより、相手の話に耳を傾けて、じっくり聞いていたら出てきます。

質問上手になるには、相手に集中して、「なぜ話をしたいのだろう」「何について話したいのだろう」を聞くことをしてください。

② スタンスはニュートラル

私たちは、誰でも、自分の価値観で物事を見て判断しています。同じ1つの事実も、それぞれの価値観というメガネをかけて見ているから、皆見えている事実が違います。

人の話を聞くときも、自分の価値観で聞いています。そのため、つい「こうあるべきなのに」「こう答えてほしい」という意図を持って聞いてしまいます。

そこで、話を聞くときに意識してもらいたいのは、「ニュートラル」というスタンスです。何の意図も持たない、自然体で相手と向き合ってみてください。

③ 答えはすべて受け止める

魔法の言葉「そうなんだ」「なるほど」で、一旦受け止めてみましょう。

自分と考え方が違うと感じた瞬間、相手の言葉は入ってきません。どのタイミングで「それは違う」と伝えようか、タイミングを待ちながら相手の言葉を聞くからです。

そして、相手の言葉が途切れた瞬間、待っていましたと「でも」「だけど」が出てきます。

それを「そうなんだ」「なるほど」という共感の言葉にチェンジするだけで、あなたも相手の話に集中しやすくなりますし、相手も「認められている」と感じ、心から安心してあなたに話をすることができます。

④　コントロールを手放す

管理職がやりがちな質問は、質問で自分が言わせたい答えに誘導し、「あなたが自主的に答えたのだから、自分のコミットは達成してね」と相手をコントロールする誘導質問です。

今まで「今月、あといくらいけるか?」「来月の目標、これだったら低いと思う。お前ならできるから、あと○万円いってくれ」とストレートに言われていたことを、質問で上司の持つ答えに誘導され、あたかも自主的にコミットしたように言われる。時間だけ無駄にかかるし、前のようにストレートに言われるほうがまだマシだったという声を聞きます。

相手は、言わないと話が終わらないので答えますが、関係性はむしろ悪化し、やる気を奪うでしょう。

また、もし、あなたが、「何でこんなこともできないの?」と言われたらどんな気持ちになりますか?　責められた感じがして、何も浮かばないと思います。何でも質問形にすればいいというわけではありません。けれど、私たちは、日常の中で何気なく使っています。

例えば、「なぜ、当たり前のことができないの?」は、それって「当たり前でしょ」と尋問しています。

他にも、「何考えているの?」「こんなこともわからないの?」など、ただ相手を責めるための質問は、お互いに何の効果も生まず、マイナスしかありません。

相手のための質問は、本人が自由にその質問に向き合い、自問自答できる豊かな時間をつくる質問です。このように質問側の意図が入った（答えを誘導する）質問ではなく、答えは相手の中にあるというニュートラルな視点に立った質問をしていきます。

相手を責めたり、自分が欲しい答えを誘導する質問はNGです。

ちなみに、質問がつい長くなってしまう場合は、自分の意図に誘導しようとしている場合が多くあります。

「なぜ？」「何を？」「どんな風に？」などの5W1Hと、「本当に？」「それで？」などの短い質問でも、十分に話し手は自ら気づき、自問自答します。

大切なのは、「この質問は何を明確にしたいのか」という目的に合わせた質問ができるようになることです。それには練習あるのみです。

⑤　答えはすべて正解

答えは、その人の中にあり、正解も不正解もありません。自分と違う考え方であればあるほど、「へー、すごいね」「なるほど」「面白いね」と聞いてみてください。

そのように聞いているあなたの様子は、相手にどう伝わっているでしょうか？　きっと相手は、何を言っても大丈夫と、安心してどんどん話をしたくなるでしょう。

正解は1つではないと心得て、柔軟な視点で相手の話を聞いてください。

⑥　答えは出なくても正解

沈黙のところにも書きましたが、人によって言葉が出るスピードは違います。ゆっくり待ってください。また、普段よく考えていることはすぐ言葉が浮かびますが、そうでないことはなかなか出てきません。

脳は、問われると、答えが出るまで探し続けるという性質があります。答えが見つかることも大事ですが、問われて考えるこの時間もとても大事です。急がず、相手に委ねましょう。

これらの心得を持った人からの質問ならば、相手は安心して話し、答えることができます。自由に沢山話すことで、話し手の中に、自分で自分の内にある可能性に気づき、「○○したい！」という自発的な欲求が生まれます。これが行動の1歩になります。

1つ教えて、3つ考えてもらう

若手社員の成長において大切なのは、質問だけということではありません。「教えること」と「考えてもらう」ことのバランスがとても大切です。

人は、教えてもらうばかりでは成長しません。しかし、何も教えていないのに、すべて理解してもらうことも不可能です。

2つのバランスは、「1つ教えて、1つ考えてもらう」より、「1つ教えて、3つ考えてもらう」ぐらいがより相手の成長を促します。これには若手社員によっても個人差がありますが、「1つ教えて、1つ考えてもらう」では、人は成長しません。なぜなら、1つの物事に対して答えは1つではないからです。

例えば、販促キャンペーンを企画する場面で考えてみます。

上司「販促キャンペーンでは、ポイント還元をすることが多いんだ。その他にどんな方法があると思う？」

部下「えっと、次回使える割引券を渡すとか？」

上司「いいね。他には？」

部下「ポイント還元をスクラッチくじにして率を変えるとか」

上司「いいね！　さらに効果がありそうなものあるかな？」

このように、様々な角度で考えてもらうと、若手社員の成長を促すことができます。

可能性に焦点を当てる質問

人は、いい部分を見ようと意識していないと、悪い部分に目が向いてしまいがちです。他人の悪い部分は目につきます。しかし、そこに焦点を当てたとたんに壁ができてしまい、その人の可能性が見えにくくなってしまいます。悪い部分に焦点を当てるのではなく、可能性にフォーカスしましょう。未熟なところを指摘しても、言われた側はやる気をなくすだけです。普段からいい部分にフォーカスすることを意識していきましょう。

「きょう、うまくいったことは？」「最近うまくいったことって何がある？」といった質問を使うと、プラス思考になるので、前向きな行動につながりやすくなります。また、「できたこと」にフォーカスすることで、次への成長ステップが見えてくる場合もあります。

例えば、「その仕事がうまくいったポイントは何だったの？」「何に気をつけたらこんなに成果が上がったの？」などは、次へのモチベーションにつながる質問です。できた部分に意識を向けることで、前向きに成長していきます。

視点を変える質問

考えが堂々巡りをしているとき、視点を変える質問をしてみます。すると新たな気づきや発見があり、突破口が見えてきます。

「あなたの尊敬する人は誰？」「その人だったら、何て言うだろう？」

例えば、売上が伸びない若手社員に、「どこを変えたら売れると思う？」という質問をしたとします。指示命令よりよいのですが、自分の視点で考えて行動した結果、売れないのです。例えば、「もしあなたなら、どんな営業からなら買いたくなる？」なら、相手視点で考えることができます。そうすると答えの幅が広がってきます。

相手のための効果的な質問

最初は、質問をしようと思うと「よい質問をしよう」と力が入りますが、質問の心得を意識して心がけていけば、自然と相手に意識が行くようになります。

相手のための質問は、相手に作用を及ぼすことが目的なので、目的に合った質問を投げかけることがポイントになります。とはいえ、最初から、相手の言葉を聞きながら、効果のある問いを投げかけることはハードルが高いです。

そこで、若手社員との関係性を深めたいときに有効な質問集を用意しました。巻末に「ダウンロードURL」があります。ぜひ使ってください。

質問集の例のように、目的別にいいなと思うような質問を書き溜めておきながら使ってみる、効果があった質問を見つけていく、それを使っていくことで「良質な質問ってこういうこと」がわかってくると思います。相手を見つけて、練習しながら焦らず上達していくことがコツです。

まずは自分にいい質問をつくれるようにしてみてよう

質問上手になるためには、自分自身が質問の効果を信じることが大切です。どんなにいい質問でも、疑心暗鬼のままではうまくいきません。そのために、まず自分自身が質問の効果を体感してください。

自分自身に質問をしていくと、自分なりの答えが出てきます。この感覚を体感することが、「質問で出ない答えはない」ということを信じられるようになります。

〈ワーク〉

あなたが答えたくなる、ワクワクする質問を自分にしてみましょう。

決断する自分への3つの質問

・何かを決断するときは、「それをやりたいのはどうして？」を自分に質問してみます。「なぜ」と問われると、理由が明確になります。

・次に「本当に?」です。本当にそれがやりたいのか自分の気持ちが明確になります。大きな決断をするときは、「本当に?」を3回問うと自分の決意を知ることができます。

・やる理由と自分の気持ちが明確になったら「何を?」です。何をやるかという課題やタスクが見えます。「どのように?」で、どうすればいいか、やり方が見えます。

会話が続く4つのパターン例

あなたが誰かと話をしていて、会話が弾むのはどんなときですか? 相手と共通点があったとき、自分の話に興味を持ってくれたときではないでしょうか。

会話は、キャッチボールと同じです。相手の答えの中に、「共通点」や「興味がありそうなこと」のキーワードを見つけて、それをお互いに深めていけば、会話のキャッチボールが続きます。

① Yes or No で答えられる クローズドの質問2つ、3つから会話をスタートすると、相手の心理的シャッターが上がり、会話がスムーズになります。できれば Yes の答えが返ってくる質問にすると親和性が高まり、より話しやすい雰囲気になります。例えば、次のような会話です。

・「きょうはいい天気だね」→「はい」「桜が大分咲いてきたね」→「はい」

・「○○さんの近所の桜も咲いている?」→「はい」

② 相手が以前話していたことや、共通の出来事を話題にすると、相手は覚えてくれていたんだと

あなたへの好感を持ちます。「この間の話だけど」の話は、次回の会話の糸口にもなります。

例えば、次のような会話です。
・「そういえば週末、フットサルの試合だったんだよね。どうだった？」
・「お子さん、もうすぐ卒業だよね？」
・「この間の話だけど、どうなったの？」

③ 相手の現状を話題にすると、あなたが若手社員へ関心を持っていることが伝わり、若手社員の様子から今どんな状況なのかも伺うことができます。
例えば、次のような会話です。
・「現状どんな感じ？」
・「体調はどう？」
・「何か困ったことはない？」
・「何か言えてないことはある？」

④ 若手社員の興味があることを知りたいときなど、抽象度の高い質問から絞り込んでいくと答えやすく、会話が続きやすくなります。
例えば、次のような会話です。
・「食べることは好き？」→「何系が好き？」→「その中でも何が好き？」
・「体を動かすことは好き？」→「スポーツは何が好き？」→「見るほう？　自分がやるほう？」

・「本やマンガを読むのは好き？」→「どんなマンガが好き？」→「今、何か読んでいるの？」

4 言いにくいことも上手に伝わる伝え方

伝えるってどういうこと？

あなたの伝えたことは、相手の受け取り方で伝わり方は変わります。

伝える側も、自分が伝えたいこと思っていることのすべてを表現できません。

したがって、ズレ・誤解はあるという前提のもとでやりとりをします。

〈伝える側〉　伝わる＝自分の伝え方＋相手の受け取り方

〈受け取る側〉　相手を理解する努力

I（アイ）メッセージを使う

Iメッセージは、「自分」を主語にして話すことで、「あくまでも自分はこう感じる」と伝えることができ、相手への非難や攻撃的な言い方になりません。

・△YOUメッセージ

「あなたは努力していますね」のように、主語が相手になる。相手には評価と受け取られやすいので注意が必要です。

・◎Iメッセージ

「私はあなたが、努力しているように見えます」のように、主語が話し手側になります。相手が素直に受け取ることができます。

・○第三者メッセージ

「○○さんは、あなたが努力していると話されていました」のように、主語は第三者になります。相手が認められる、認められたいと思っている人物のメッセージは大変有効。

〈比べてみましょう〉

例えば、職場で上司に頼まれた仕事の件で次のように言われたとしましょう。

「もう、何であなたは、毎回同じことを言わせるの？」

あなたはどんな気持ちですか？

⇩YOUメッセージ

こう言われるとどうでしょうか？

「私は早くあなたに1人でできるようになってもらいたいのよ」

⇩Iメッセージ

相手に自分の考えを伝えるときの3つのステップ

相手に自分の考えを伝えるときは、次の3つのステップを踏みます。

1　「〜さんは○○なんですね」↓相手の言葉をなぞり、認める姿勢を示す。
2　「私は〜と思う（感じる）のですが」↓主語をつけます（Iメッセージ）。
3　「〜さんはどうですか？」（〜と聞かれてどう思いますか？）↓相手に戻します。

言いにくいことを伝えるときの3つのステップ

相手に言いにくいことを伝えるときは、次の3つのステップを踏みます。

1　「言ってもいいですか？」（お話してもいいですか？）↓前提をつけます。
2　「なるほど。Aさんは○○というお考えなのですね」↓相手の意見を認めます。
3　「私は○○と考えているのですが、どうでしょうか？」↓Iメッセージ＋質問
（第3者を使う）

「Bさんが○○と言われていたのを聞いて、私もなるほどと思ったのですが、Aさんはどうですか？」

5　その他のコミュニケーションスキル

フィードバックする

今までご紹介してきた「認める」「聴く」「質問する」のスキルを活用することで、相手に存分に話させることによって相手の中に「気づき」が生まれます。さらに、フィードバックをすることに

よって、違う角度からの「気づき」を生むことができます。

フィードバックとは、「相手の目指す姿とのギャップを伝えることで、相手がよりよい状態に近づけるように手助けをすること」です。

相手の話や様子から伝わってくるものを見たまま感じたまま相手に伝えます。相手は、自分では見えていなかったことに意識が向き、気づきが生まれます。

あなたが、若手社員の鏡のような役割を果たすと考えると、わかりやすいかも知れません。

例えば、朝起きて鏡に向かったあなたの髪はすごい寝癖だったとします。もし、鏡に意志があって、「寝癖の姿を写すのは失礼だから、寝癖は伝えないようにしよう」と、いつものあなたの姿をそこに写したとします。それを見たあなたは、寝癖に気づかずそのまま出勤するでしょう。結果どうなるでしょうか？

あなたと若手社員の関係性も同じで、時に伝えにくいことであったとしても、「見えたまま」または「あなたが感じたこと」を伝えないと困るのは、若手社員ということになります。

若手社員の見えていないこと、気づいていないことを指摘することは勇気がいることですが、若手社員の成長には必要なことです。ぜひ、使いこなせるように練習してみてください。

フィードバックの伝え方

・相手の話を聞いて、感じたことを感じたまま伝える。

・相手の様子（話していない感情や想いなど）から伝わってくるものを感じ取り、それをそのまま伝える。

●客観的事実を伝える

・見えていること／聞こえていることそのままの事実をIメッセージでシンプルに伝えます。

例・「私にはこのように見えます」「私にはこのように聞こえました」

・YOUメッセージを使う。評価や判断を加えない。感情を挟まず、ニュートラルに伝える。

例・「あなたは話しているときに笑顔がありませんでした」

NG・「あなたは無愛想な人ですね」「見えている、聞こえているのに伝えない」

●主観的事実を伝える

Iメッセージを使って、私が相手を見て受け取ったことをそのまま伝える。自分の内側で感じたことを伝える。

例・「私は◯◯と感じました」「私にはこう見えました」「聞こえました／伝わってきました」

・「あなたが本当にやりたいことは別にあるように感じます」

NG・「皆、そう言っています」「普通はこうです」

第7章　若手社員がその気になる叱り方

1　叱れない上司が増えている

叱れないのはなぜなのか

第1章の「すぐパワハラだと言われそうで注意ができない」など悩みのところでも触れたように、今、叱れない上司が増えています。

相手への伝え方を間違うと「ハラスメント」と言われかねない、プレーイングマネジャーなら自身の成績がよくないのに若手に注意できない、自分が上世代から叱られてきた経験から自身が若手をそんなに叱りたくない、若手に嫌われたくないなど、いろいろな理由があるかと思います。

叱ることとは、とてもエネルギーとパワーと勇気がいることです。また、40歳前後の中間層では、そこまで会社への思い入れもない、自分に支障がない範囲で仕事ができればよい、いらない波風を立てたくないと思っている人も少なくないと感じます。

叱れない人の特徴

叱れない人の特徴として、「叱ってはいけない」と思っている人が多くいます。その大半は、過去に叱られた嫌な記憶や、叱られることでよい経験をしたことがない人です。

メンバーの大半が20代前半という部署のリーダーAさん（42歳）も、「部下を叱ってはいけない」

と思っている1人でした。ですが、内心では、部下へのイライラが溜まっていました。そのストレスから、通勤途中の小さなことにイラッとしたり、家族にきつく当たったりといった影響が出ていました。

「叱ってはいけない」と思っている人の大半は、過去に叱られた嫌な思い出や叱られたことでよかったという経験をしていません。そのため、叱った後、「関係性が悪くなるのではないか」「会社を辞めると言われたらどうしよう」と、マイナスなことばかり考えてしまい叱れないとなります。

叱ることのプラス効果よりマイナスに変わるもののことを考えると、もうこのままでよいかと思ってしまう気持ちもわからなくはありません。

ですが、若手社員を育てる過程においては、叱ることも必要なことです。「叱ってもらったことで○○が変わった」という経験を持つ人であれば、叱ることも大事なコミュニケーションと考え、必要に応じて叱ろうと思うはずです。

今の若手社員は、言われたことを言葉どおりにしか受け止められない人が多いと感じます。そのために、お客様からクレームがくることもあります。また、叱られても何を叱られたのかがわからないという人も増えています。自分の何が相手をイラっとさせているのかがわからないのです。

「何が」はわからなくても、自分の何かが相手を怒らせていることに気づく人はまだいいのですが、それもわからなければ、単に相手がキレている、自分が被害者と言い張りかねません。

このように叱りにくい世の中であることは間違いないのですが、叱らなければならないほどのことを伝えないのは、若手社員は自分の何がダメなのかわからないまま、変わらないままです。あなたのもやもやの一端も永遠に解決しないことになります。

この章では、自分にも相手にもOKな叱り方の達人になるために、そもそも叱るとはどういうことなのか？　怒りとは何が違うのか？　そのメカニズムを知って、あなたのパワーやエネルギーを奪われることなく、若手社員のためにもなる叱り方と、あなた自身の怒りのコントロールについて具体的にできることをお伝えしていきます。

2　叱って慕われる人、嫌われる人

叱る目的は何だろう

「叱る」を辞書で引くと、「相手をよい方向へ導こうということ」とあります。つまり、「叱る」とは、相手を責めるのではなく、成長や望ましい行動を促すことで、相手の可能性を広げることが目的です。

叱って慕われる人と嫌われる人

叱って慕われる人は、「相手本位」で叱る人です。つまり、若手が納得できる叱り方をする人です。もちろん、それには関係性があることが前提になります。

叱って嫌われる人は、「自分本位」に叱る人です。上司や周りに影響され、言うことがその時々で変わるなどもここに入ります。

叱ることは、相手を「説得」することではなく、「納得」させることです。若手が最初は叱られることに不機嫌であったとしても、あなたと話をして、「そうだな、自分の○○がこうだったな」と自ら思えたら、自然に思考が「次はどうしようか？」と向かいます。

逆に、「説得されている」と感じたらどうでしょう？　人は、「説得されそうだ」と本能的に感じたら、そこから逃げようとします。「でも」や「だって」と、反論の言葉が浮かんできて、素直にあなたの話に耳を傾けようとは思わないでしょう。

また、「自分たちの頃は」「自分なら」と、あなたの考え方を押しつけられていると感じたら、そこには不信感しか生まれません。そんな不信感を持つ相手のことは、警戒して、自然と距離を取るようになるでしょう。

叱ると怒るの違いは？

「叱ること」は、とてもパワーと勇気がいります。なぜなら、相手のことを思って、自分の時間とエネルギーを使うからです。

それには、相手と対等な関係性であること、あなたのあり方が「相手本位」であることが大事です。その上で、「なぜ、この話をするのか？」という理由を明確にします。「あるべき姿」を伝え、相手と共有し、なぜダメなのか、「理由」とあなたの「考え」を伝えます。

一方で、「怒る」は、「自分本位」です。「お前のせいで俺の評価が下がるんだよ」など、自分の腹立ちなどの「感情」を相手にぶつけることです。自分の感情をそのまま相手にぶつけるのですから、相手がどんな気持ちになるのかなどは関係ありません。

なお、感情とは、うれしい、楽しい、悲しい、辛い、ワクワク、安心する、幸せなどです。

3　怒ってはダメなのか

怒りのメカニズム

怒ってはダメなのか？　そのことについて触れる前に、怒りについて考えてみます。

あなたは、道を歩いていて急に怒り出すなど、突然「怒る」ことはありますか？　人は、突然、理由もなく怒り出したりしたりしません。怒りなどの感情は、二次感情と呼ばれていて、怒りの前に別の感情や思考があります。ですから、その「怒り」の前に、まずどんな感情や思考があるのかを知ることが大切です。あなたが、何か「怒り」を感じた場面を思い出してみてください。

そのとき、なぜ「怒り」を感じたのでしょう？　理由を探してみてください。思い浮かびましたか？　その「怒り」のもとは何だったのか？　なぜ、それが生まれてきたのか？「怒り」のもとを知ることだけでも、怒りは随分とおさまってきます。

多くの場合は、怒りの前にある感情は「こうなったらいいな」「こうなるべき」などの期待です。白分都合の期待なのですが、この期待が外れたとき、人は不安や悲しみや寂しさを感じて、それが解決されないと、やがて「怒り」になっていきます。

この「期待」は、相手にどんなに察して欲しくても、自分の期待どおりにはなりません。伝えない限り相手には伝わりません。相手に「本当はこうしてもらいたい」「こういう期待がある」を伝えられると一番いいはずです。それができないから「怒り」に変わるのです。

怒りも大切な感情

「期待」を相手に伝えられなくても、「自分はそこにどんな期待があったのだろう？」と考えてみて、自分の期待を知るだけでも、相手は変わらなくても、自分の気持ちが少し変わってきます。それでも「怒り」を感じるなら、素直にその感情を受け止めてください。

「怒り」の感情の裏には、様々な思考や別の感情が隠されていると書きましたが、大事なことは、どんな感情や思考がそこにあるのかに目を向けることです。「自分だって、あれこれ言いたくない。面倒だ」という、億劫、嫌だという感情が強いのか、「どうせ俺のことはバカにしているから、言うことを聞かないのだろう」という悲しみや寂しさなのかなど、あなたの「怒り」の感情の裏にあるものを知ることです。

【図表 14 思考と感情の関係】

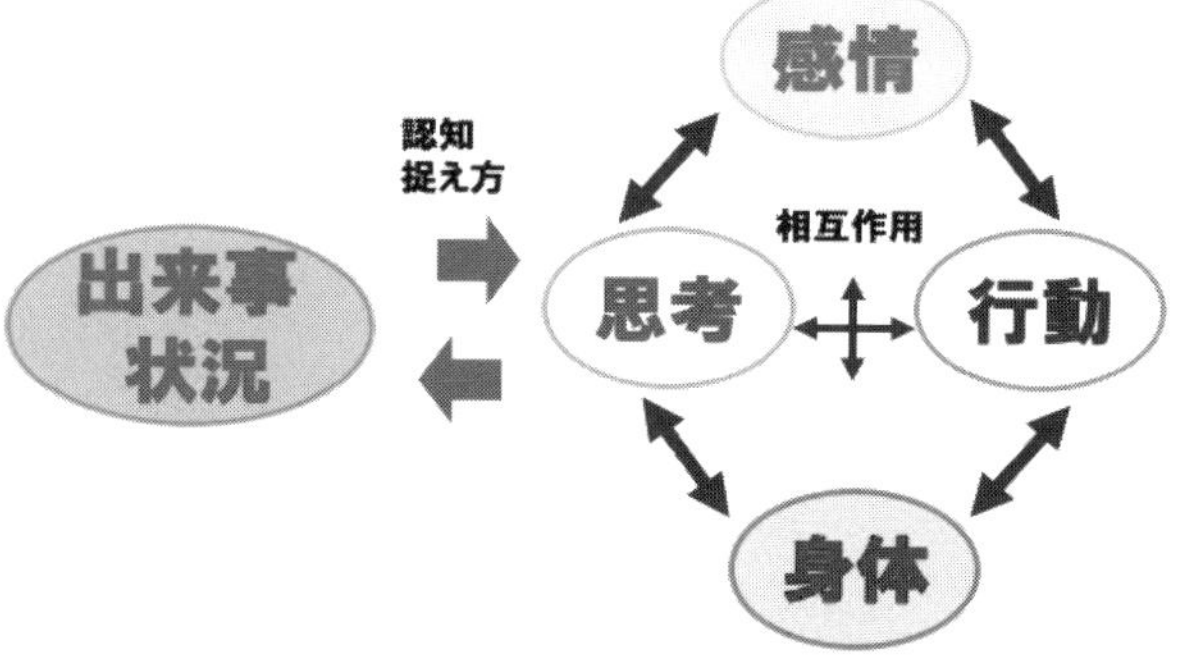

怒りの前にどんな感情や思考（期待など）があったのか、それが叶わないときのあなたの怒りには、失望なのか、悲しみなのか、寂しさなのか、どんな思考や感情がそこにあるのか。そこに目を向けるだけでも、「怒り」は解消へ向かいます。

イライラや怒りの根底には「愛」があります。見ず知らずの他人にいきなり怒りは生まれません。ですから、「怒り」も自分の大切な気持ちです。

怒りに蓋をして自分の感情を押さえ込んだり、我慢したりすることで、相手への本当は大切にしたいという気持ちも見失ってしまいます。

「怒り」をごまかそうとせず、向き合い、どう自分の怒りをコントロールしていくかを考えることが大切です。出来事の意味づけは自分で変えていくことができます。

思考と感情の関係

怒りは二次感情だと書きましたが、その「メカニズム」はこんな感じです。その状況に遭遇したとき、人は自分の価値観という眼鏡をかけてその状況を捉えます。この眼鏡は、よい悪いではなく、皆それぞれ、その人の生まれ育った環境や、家族や友人などの人間関係、職場、出来事、経験、趣味・思考、性格などで、物事を認知します。

反射のような一次感情が生まれ、言葉やイメージといった思考、二次感情の順に生まれます。表現するとこんな感じですが、これがほぼ同時に自分の中に生じます。

その思考や感情に引っ張られるように、行動（誰の目にも見える行為、動き、態度）や身体の反応が生まれます（図表14参照）。

4　怒りのコントロール

自分の怒りのコントロール４ステップ

怒りをコントロールするためには、まず自分の怒りを知って認めることが大切です。

①　自分の感情に気づく

「何か嫌な気分かも」「あっ、今イラっとしている」など、自分の感情に興味を持って、観察をしてみます。

②　自分の感情にＯＫを出す

「こんな気持ちになるのも、仕方がないね。ＯＫ」

「こんな気持ちになるのも、期待や理想とのギャップがあるから。全然大丈夫」

自分の感情にＯＫを出す魔法の言葉を持つ↓「ＯＫ」「大丈夫」など。

③　この感情の源は何だろう？　に気づく
どうして私は、腹が立つのだろう？　怒りの後ろにあるものに意識を向けてみます。

「早くしなさい、どうして毎回同じことを言わせるの」

若手社員に早く１人前になって欲しい↓そうならないと、私は忙し過ぎて限界だ。

④　行動を選択する
どうすれば、若手社員はではなく、自分はどうしたいのだろう？　を考える。

「若手社員に、１人前になってもらうために、私はどうすればいいだろう？」

「私が忙し過ぎて限界だということを、若手社員にどう伝えればいいだろう？」

怒りの手放し方

怒りをコントロールするには、押え込むより、吐き出すことです。もっと言えば、吐き出し切ることがポイントです。

怒りは、コップの入っている水と同じです。容量を超えると溢れ出してきて、何もない状況にでも、イラッとするようになります。溜まる前にこまめに捨てていると、吐き出すエネルギーも少なくて済みます。

吐き出すワーク

いつでも、どこでも、簡単にできる方法です。

・用意するもの　紙とペンとゴミ箱

【方法】

・「あんなことがあった」「私はこんなに嫌な気持ちになった」など、今あるイライラやネガティブをすべて書き出します。文章になっていなくても、単語やキーワードなど、何でもＯＫです。

・書き終わりましたら、それを思いを込めながらビリビリに破ります。だんだん怒りが小さくなっていくことをイメージしながら、紙をビリビリにします。

・最後に、「怒り、さよなら」と声に出して、ゴミ箱にシュートします。「あー、すっきりした」と口に出して言うのも有効です（脳がそれを認知します）。

誰かに聞いてもらうことができたらよいのですが、人の愚痴は聞く側にもパワーがいります。この方法だと1人でもできます。すっきりしますからぜひやってみてください。

怒りを手放したら欲しい感情を手に入れる

ここまでは、怒りにフォーカスしてきました。怒りを手放したら、今度はどんな感情が欲しいのかにフォーカスし、それを手に入れるために何ができるかを考えてみます。

〈欲しい感情を手に入れるワーク〉

・「自分を満たすために、どんな感情がほしいですか？」
どんな感情が欲しいのか、最も欲しい感情を1つお書きください。
・「その感情を手に入れるためにできることは何ですか？」
きょう、明日、すぐにできそうな行動を1つだけ書いてみましょう。
・その行動を「私は、○○をやっている」と、現在進行形か「した」という完了形で書き換えてください。
・最後にそれを口に出して言ってみてください。
ポイントは、口に出すこと（オートクライン）、自分の欲しい感情は自分で選ぶことができるとわかって行動することです（図表10参照）。

怒りの具体的なコントロール

目の前の出来事に反応して感情に振り回されると、本当に自分が欲しかった感情を見失ってしまいます。
・怒りを感じたら、まず深呼吸を
このときのポイントは、「まず息を吐く」を意識します。息を吸おうと思ってもなかなかうまく吸えないけれど、まず吐き出すと自然に吸うことになります。
吐き出したら、ゆっくり深く息を吸うことに意識を集中します。肺一杯、背中まで、風船を膨らますように息を入れていくことを意識しながら吸っていきます。２、３回繰り返すだけで、自然に気持ちは落ち着いて来ます。

深い呼吸には、副交感神経を活性化し、リラックスする効果があります。

・口を開く前に、一呼吸をおく

よく、怒りを感じたら、頭の中で６秒数えるとよいと言います。怒りのピークは６秒なので、それをカウントしてやり過ごす方法です。

感情優位な人なら、目の前に相手がいたら、６秒数えている間に相手が何かを言うと、つい言い返してしまいます。口下手な人なら手が出るかもしれません。気軽にできる方法ですが、習慣になるまで時間はかかります。

そんなときは、その勢いを利用して、そのままその場を離れます。

ちょっとトイレで深呼吸、外に飲み物を買いに行くなど、頭を冷やす時間を取ります。

・体と心を緩める

怒りの状態は、体もギュと力が入り、緊張している状態です。この状態から力を抜き、リラックスした状態に変化させます。どちらでもやりやすい方法で、体から力を抜きます。

ゆっくり数えながら行うと、この間に６秒は過ぎますし、体の緊張もなくなります。

簡単なリラクゼーション方法の１つなので、仕事の合間に「力を入れる↓弛緩する」の動作をしていただくと気分転換になります。

・両肩をギュッと力を入れてい怒らせる→力を抜いてストンと肩を落とす
・手の拳をギュッと握る→緩める（片手ずつまたは両手）
・両足をギュッと握る→緩める

自分を満たす方法は自分で見つける

自分の状態を客観的に知る簡単な方法です。まず、紙を用意し、グラスの絵を簡単に書いてください。

「あなたの心のグラスは、どれくらい満たされていますか？」。

自分の心の中にグラスがあるとして、そのグラスは何％ぐらい満たされていますか？　グラスに線を引いてみて、どれくらい自分が満たされているかを確認してみます。

これは、多いからいい、少ないから悪いというものではありません。他の人と比べるものでもありません。自分の現状を知ることが大切です。

自分の現状がわかったら、次は自分を満たす方法を見つけます。

「自分の心のグラスをもっと満たすために何ができますか？」。

何ができるか、10個以上探してみましょう。毎日できること、毎週・毎月・1年に1回など、いろいろ探すのがコツです。

例えば、毎日1回は自分のためにコーヒーをたてる、毎月1回は遠出のドライブをするなど、どうでしょうか？　書き出すと自分の傾向が見えてきます。

私の場合は、「月１回は気のおけない人たちとおいしいご飯を食べる」、「週２回はゆっくりカフェでお茶をする」など、食に関するものが多いですね。

自分のご機嫌の取り方を知っていると、自分で自分をハンドリングできます。そうすると、周りに振り回されてイライラすることもグンと減ります。

ぜひ、自分の心のグラスの満たし方を書き出し、見えるところに置いておくことをおすすめします。

若手社員の怒りに対応するコツ

若手社員の反抗的な態度、不満そうな返答や言い訳など、こちらは親身に接しているのに「なぜ」と思い、腹立たしく感じたり、辛くなったりすることもあると思います。

このときのあなたの思考は、若手社員のイライラは自分に向けられていると感じています。けれど、若手社員の怒りにはいろいろな思考や感情が入り混じっていて、あなたに向けられたものばかりではありません。

こんなときは、「この態度の理由は何だろう？」と考えてみることがコツです。

例えば、あなたが叱られたときは、どんな思考や感情になるでしょうか。

自分で失敗がわかっているときは、「わかっているからもう何も言わないで」と思うかもしれません。何でそんな失敗をしたのか自分が情けない気持ちになっているかもしれません。恥ずかしくて、どこかに行きたいかもしれません。ですが、素直に「ごめんなさい」と言えないときもあります。また、叱られている内容が、「自分は一生懸命やった。言われていることは誤解で、自分のせいではない」と、理不尽で納得いかないと思っているかもしれません。けれど、先輩や上司になぜ叱られているのか理由を聞くのも勇気がいるし、文句も言えません。

結果、自分の怒りを吐き出す（あなたに八つ当たり）ことができない分、黙ることや反抗的に見える態度を取ることで、自身の辛さを回避しようとすることもあります。

このように、相手の態度を受けて、若手社員の怒りが自分に向いていると感じてしまいがちですが、「他の理由がそこにあるのでは?」と考えてみることができると、若手社員の「怒り」の態度の裏にどんな思考や感情が隠れているのかということに気持ちが向きます。そうすると、マイナスな感情も少し和らぎます。相手を思いやる気持ちや「さて、このあとどうしようか」と考える余裕も生まれてきます。

5　上手な叱り方7つのヒケツ

叱る側も叱られる側も得する叱り方

ポイントは、若手を「叱るか、叱らないか」ではなく、叱ることが相手の成長に関わり、あなたも気持ちよく仕事ができることにつながることです。

そのためには、叱る側も叱られる側も得する「叱り方」を知ることです。叱るのが苦手な人は、ぜひ参考にしてみてください。

①　叱る前に事実を確認する

例えば、お客様からの連絡で若手のミスが発覚したとします。「なぜ、こんなことになる前に相談をしないんだ」「どれだけの損失になると思っているんだ」「俺が部長に叱られるんだぞ」と、いろいろな感情が一気に湧き出て、叱るより怒りをぶちまけそうですが、事実を把握しないことには物事は解決しません。

まずは、「お客様から○○と連絡があったけど、どうなっているの？」と確認です。この場合の優先事項は、事態の収拾です。そのためには、しっかり話を聞くことです。

人は、恐怖心があると隠そうとします。真実を話してもらうためには、不必要な威圧感を与えないことです。また、解決するのは、若手社員であるというスタンスは忘れないでください。わからないことは教える、必要なサポートはするよ、共に考えよう（協働）というスタンスです。

この例であれば、叱るのは事態が収拾した後です。

②　なぜ叱るのかを共有する

最近、増えている相談として、若い世代が「なぜ」という理由や「何のために」という目的が理解できないと自発的に動かないというものがあります。

「なぜ叱られているのか意味がわからない」となると、そこから先、心のシャッターを下ろし、あなたの話が耳に入りません。まず、なぜ叱っているのかを話しますが、納得しないとその先に進めません。叱られたら素直に謝る、頑張りますというけど、響いてないと感じる場合も同じです。反射的に反応しているだけです。

また、叱るとき、「わからないことがあれば、すぐ相談するのは当たり前」など、「当たり前」や「常識」という言葉を使っていませんか？　そのように叱られると、「常識や当たり前を押しつけられた」ことが印象に残り、なぜ叱られているのかという肝心のところは伝わりません。

「あなたが困って仕事が止まっている時間は、次の人の仕事も止まり、納期が遅れるの。だから、わからないことができたらすぐ相談してほしい」と、理由を論理的にわかりやすく伝えます。

また、「何をしたら叱るか」という範囲を決めておき、若手と共有しておくことも1つポイントです。その件については、お互いの同意ができていることになり、前述のような行き違いも防げます。

例えば、「自身の怠惰によるミスは叱るが、挑戦した結果の失敗やミスは叱らない」や、「「報・連・相」などルールを守らないときは叱る」などです。

③　単純、明快に叱る

この世代は、あまり叱られたり、怒られたりしてきておらず、ネガティブコミュニケーションに慣れていません。だからといって遠回しに表現したり、言葉を装飾したりしても、その努力はあまり理解されず、むしろ「何が言いたいのかわからない」となってしまいます。端的に、わかりやすい言葉で、短い時間で伝えるのがコツです。

また、あなたが叱られる立場だとして、「なぜそうしなかったの？」「こうすべきだったよね」と言われるのと、「私はなぜそうしなかったのかと残念に思う」「私はこうすべきだったと思う」と言われるのとでは、どちらが素直に反省できそうでしょうか？

最初の２つは、ＹＯＵメッセージです。主語の「あなたは」を省いて話しています。文字だとニュアンスがわかりにくいので、声に出して言ってみてください。「何か上から目線だな」と問い詰められている感じがすると思います。

後の２つは、Ｉメッセージです。主語に「私」をつけることで、私の気持ちや考えが相手に伝わりやすくなります。

第三者「○○部長が」などのときも同じで、「誰がどう言っていたのか」がわかるように、主語をつけることを意識します。

④　この経験を活かしてどうするのかを話してもらう

叱るところまでは、ある程度こちらからの一方通行になります。叱っている途中に、「どう思う？」と質問したとしても、詰問されているとしか感じず、その場を切り抜ける返答しか戻ってきません。

叱り終わってから気持ちを切り替えましょう。

若手社員にとっても、この経験を次にどう活かすのかが大事です。この場で「じっくり考えて」と言っても、叱られてモチベーションが下がっているときに、前向きな返事は戻ってこないでしょう。「明日までに考えてきて」と改めて話を聞くようにします。

あまり間が空くと人は忘れてしまいます。朝なら夕方、午後以降なら翌日の朝ぐらいがよいと思います。このときは、「考えた？」と問うたら、あとは相手の答えを聴きましょう。

あれこれ言う必要はありません。相手が話し終わったら、「わかった。共有したからね」との一言と、期待を伝える言葉で終わりましょう。

⑤　期待を伝える

叱るにはいろいろな理由があると思いますが、そこには「期待」もあるはずです。どうでもよい相手に、エネルギーを使いたいと人は思いません。「私は何を期待しているのだろう？」を探してみてください。そして、叱ったあと、「期待しているからね」「Aさんならやれると思っている」など、その期待を伝えます。

叱ったあとに期待を伝えるなんて甘いのではないか？、反省しないのではないか？　と思うかもしれません。けれど、人は、自分のミスを自覚していたら、大半の人は反省をしています。

大切なのは、起きてしまった出来事に対してどう動くかを決めることと今後の行動改善です。

⑥ 今起きたことは原則そのときに対面で叱る

原則、今起きたことは、今、目の前で叱ります。

あなたもこのような経験はありませんか？　若手社員がミスをしました。あなたは、そのミスが目に入りましたが、そのときはとても忙しく、あとでいいだろうとその場は叱りませんでした。数日後、その若手社員と面談をする機会があり、「あのときのアレだけどね」と注意をしたという経験です。

もしかしたら、あなたも、このように数日前のことを持ち出して叱られた経験はないでしょうか？　私なら、「あのときのあれって…何？」と思い出すまでに時間がかかると思います。大したミスでなければ忘れているかもしれません。周りに迷惑をかけた事柄でもない限り、高い確率で忘れているものです。

したがって、そんなタイミングでミスを指摘されても、有意義な時間にはなりません。

また、感情面でも、過去のことを急に言われても心の準備がありません。テンションが下がり、やる気にも影響するでしょう。

自分のことに置き換えると「確かに」と思うのですが、かなり高い確率で「この間の○○だけど」「前々から言おうと思っていたんだけど」と言っていないようで、言っています。

言われた側からすると、「あれからすごく時間が経っている。そのとき言ってくれたらいいのに」「きょうは、いろいろなことが上手くいき、いい気分だったのに！」と不平不満の素になります。

叱るときは、「そのとき・その場で・対面で」が原則と心得ておきましょう。

⑦ 安全な場所で叱る

あなたが若手社員に用件があるとき、自分のデスクに相手を呼びますか？　相手の席に出向きますか？
もし、ちょっとした相談や確認だったとしても、先輩や上司に「ちょっと○○さん、こっちに来て」と呼ばれただけで、若手社員は「えっ、何かした？」と緊張します。あなたが上司であったらさらにその緊張は上がります。人には、安心安全の領域「ホーム」、そうではない場所「アウェイ」があります。

よくスポーツの試合のときに、「きょうはホームでの試合なので、選手もリラックスしています」などのアナウンサーのコメントを、あなたも耳にしたことがあると思います。

この場合、若手社員にとってあなたの席は、アウェイになります。呼ばれただけでドキドキ、アウェイ感を感じて、萎縮し、早く自分の席に戻りたいと思います。

その一方で、あなたにとっては自分のホーム（テリトリー）なので、リラックスし、つい安心して攻撃的（強気）になりやすくなります。

この状態で「叱る」と、上司は強めに叱り、部下は一刻も早く席に戻りたいので「すみませんでした。次はやります、できます」と、とりあえず謝ろうと思います。本音を隠してしまうケースが多くなり、また緊張して頭も回らず、真の問題解決にはなりません。

反対に、上司が部下のデスクに行って話すと、部下は先ほどより緊張せず、その状態を受け入れられます。「叱られている」状態でも、正直にいろいろと話してくれやすくなります。このようにコミュニケーションをとる場所によって、「叱る」効果が変わります。

もう1つ注意したいのは、若者は、あなたが考える以上に人の目を気にする人が多いことです。失敗や恥をかく経験も少なく、格好悪いことを嫌がります。

私が会社に勤めていた頃は、「お前は、ばかか！」と部下を呼びつけ、叱り上げるシーンや、そこまでいかなくとも人前で平気で叱られていたものでした。

今の時代、「あほ、ぼけ、かす」とは言わないでしょうし、激昂されてゴミ箱を蹴ることもないでしょうが、相手のことを思って叱ったのに、「恥をかかされた」と逆恨みされることもあります。

叱る内容や強度によって、叱る場所を選んでください。

別室で話すときは、相手の安心安全な場所に配慮するのと同時に、ドアは閉めない、外から様子が見えるなど、あなた自身が「ハラスメント」と言われないような環境を設定することも大事です。

6　タイプ別効果的な叱られ方

効果的な叱り方

叱られるわけですから、テンションは下がりますが、叱られたあとが大事です。モチベーションが下がったまま叱られて終わりなのか、1度は落ち込むものの、次は頑張ろうと思えて次につながる何かが見つかるのか、どちらにとってもよいのは後者ですね。

100人以上の若手社員の声、「効果的な叱られ方は?」を参考にまとめました。どのタイプも叱る相手が自分のことを思って叱る場合は、きちんと受け入れようという姿勢はあります。伝え方、伝わり方の参考にしてみてください。

なお、タイプ分けは、第4章の「効き脳」の分類に基づいています。

青A=理性的で論理派

論理的、合理的、客観的に物事を考えるタイプなので、筋道が通らないことや理由がわからない叱られ方は納得できません。

まず、何についてか結論から端的に伝え、なぜ叱るのか、どうなっていればよかったのか、理路整然と要点を絞って伝えます。

叱るときは、感情ではなく、客観的事実に基づき叱ります。叱るより淡々と伝える感じです。次への期待や必要なら課題を短く明瞭に伝えます。

例えば、「○○が、俺の立場ならわかるだろう」など、感情に訴えるようなトークをするのは逆効果です。

○効果的な叱られ方:控えめに叱られる/諭す/その日のうちに終わらせる/ダメなところをストレートに説明がほしい/論理的/わかりやすく端的に言われたら素直に実行する

×効果的でない叱られ方:納得していないこと/感情的である

緑B　計画的で堅実派

実直・規則を守る・コツコツ・段取り上手なタイプですが、想定外に弱いところ、融通がきかないところがあります。叱るときは、「○○の件だけど」と前置きをします。具体的に5W1Hで手順を踏んで、相手にわかるように伝えます。話を急がず、相手が理解しているか確認しながら叱ります。

また、今に集中し、全体を俯瞰することが苦手なので、今叱っていることの全体像と今の事柄のつながりも必要なら説明します。

「そう言えば、この前の○○だったよな」など、途中で話が違うところに飛んだり、一貫性のない叱り方は、何を叱られているのか理解できなくなります。

必要以上の提案や意見をしても自分の納得しないことはしないところがあるので、改善ポイントなど必要なことだけを伝えます。

○効果的な叱られ方：叱るというよりアドバイス／気づかされる叱り方／正当な評価／何を改善したらいいかわかる／ミスについてだけ言ってほしい

×効果的でない叱られ方：怒られつつもよかった点は言ってほしい／フォローがない（何をどうしたらいいか、わからない）／感情的である

ピンクC＝友好的で感覚派

感情豊か、人間関係重視のタイプなので、叱り方も相手の感情に寄り添うことが大事です。

叱るときは、相手の感情に寄り添いながら叱ります。

例えば、必ず「お名前＋一言」です。叱る前に、「Aさんいつもありがとう」や「Aさん一生懸命やってくれたのは、わかるのだけど、少しいいかな」など、承認と叱ることをセットにします。

叱る内容によっては、あなた自身の失敗談など体験を話すことも相手の共感につながります。叱った後は、「頑張って」や「期待しているからね」とフォローをします。相手の言い分に耳を傾ける姿勢も大事です。

○効果的な叱られ方：前向きな指摘／やったことは認める／ダメなところだけでなくよい部分も言われる／優しく、アドバイスのように

×効果的でない叱られ方：否定されていると感じる話し方／期待していたのに残念と叱られる

黄色D＝創造的で冒険派

新しいアイデアが次々浮かび、直感で判断し、行動も早い、細かいことは苦手です。あなたからすると突っ込みどころが多いのですが、注意するとやる気をなくすところがあります。どこまでがOKでどこからがダメなのかの基準をあなたの中で決めておき、ダメなところだけ叱ります。

褒めてもらうと（内容は何でもよい）モチベーションが上がるタイプなので、日頃から「きょうも絶好調だね」「さすがDさんだ」など、適度に認める発言をして、関係性をつくっておくことがいざ叱るときに効果を発揮します。叱った後は、「期待しているからね。頼むよ」など、期待を伝

えると、１度下がったモチベーションも元に戻りやすいです。
○効果的な叱られ方：そもそも叱られたくない／もったいない、できるのに　／ごもっともと思える言葉／次につながることを言われる
×効果的でない叱られ方：人と比べられる／肯定されながら叱られる

余談

言葉の伝わり方が、ミスコミュニケーションの原因になったりもします。

例えば、アホとバカ。相手を貶めるのではなく、愛情を持って使う場合があります。関西の「お前アホやなぁ」は、関東の「お前バカだなぁ」です。関西と関東では真逆のニュアンスになります。関西出身の人が、東京で上司に「ほんと、お前バカだよなぁ」と言われ続け、頭に来て会社を辞めた。関東出身の人が、関西出身の上司に「おまえ、アホちゃうか」と言われる度に、「なぜ、あなたにお前と言われないといけないのか、アホ呼ばわりされないといけないのか」とイライラしているなどの話は、いつの時代もよく聞きます。

このように、育った環境の違いからくる伝わり方が、ミスコミュニケーションになったりもします。

叱るということは、お互いにとてもセンシティブな場面なので、少し意識してみるとよいかと思います。

おわりに

本書を最後までお読みいただき、ありがとうございます。

私が本を出す夢を描いたのは、4年前でした。夢に入れた日付は、何度か延長されましたが、ゴールに向かって1つひとつ進んで行きました。今の私は、そんな1日1日の先の未来にある今の姿です。

私の師匠の言葉を借りれば、「1日でできることは限られているけれど、10年あればすごいことができます。人間って最高です」。

その言葉をそのまま、素直に私もやってきました。

そして、その人の凄さを、日々お会いする受講者の皆さんから体感しています。

だから私は、コーチを、講師を、チームビルディングコンサルタントをしているのだと思います。

人生の出会いは不思議です。誰に出会うかで、全く違うものになります。

今、あらためてそう感じています。

コーチングとの出会いをスタートに、その時々の出会いがあり、そのプロセスを進むうちに、私の描く未来の輪郭はくっきりとしていき、自分がなしたいことは何かに向かって進み、自分1人では辿りつかなかった今にいます。

若手社員やメンバーとあなたとの出会いも、何か意味のあるものです。お互いの大事な時間を共有していくのだから、双方ハッピーなほうが、お互いも、組織もうまくいく。しかめっ面より、皆笑っているほうがいろいろなことがうまくいく。

そのために、若手社員とあなたとの出会いが、「○○さんと出会ってよかったです」となれば最高だなと、その役に立てるものを全部書きたいぐらいの勢いでこの本を書きました。

ぜひ、お役立ていただけたらうれしいです。

これを書いている間に、世界中に得体のわからないウイルスが蔓延しました。世の中全体が先の見えない混沌としたものに包まれています。

私たちに入る情報は、すでにいろいろな人のファクターを通して入ってきたものです。何の判断が正しくて間違っているのか、今行われていることが正しいのかわかりません。そもそも正解はありません。未知のものであり、誰にもコントロールできていないという事象があるだけです。

今私たちができることは、それぞれが自分の置かれた立場で、他人任せでなく、「自分はどうすればいいか？」と自分と対話し、とことん考えて、自分の責任で行動することだと思っています。

自分を大事にできる人は、他者も大事にできます。個々が、不安から何かイライラして、お互いにトゲトゲして関わり合うことも、不安からくる行動も、自分勝手な行動も、誰にとっても何もよいことはありません。

こんなことは2度と起こって欲しくはないけれど、これから先、今まで以上に想定できないことがある時代でしょう。だからこそ、それぞれ個々のあり方や関わり方という、「人間力」がキーになります。

本書は、「若手社員との関わり方」について書きましたが、図らずも「自身のあり方をどうする?」「他者とどう関わる?」がお役に立てるのではと思っています。

最後になりましたが、本書はたくさんの人に応援いただき、お力添えをいただき完成することができました。執筆に当たり次の方々には、心よりお礼を申し上げます。
・リアルな声を聞かせてくださった皆さん
・応援してくれた大事な友人の皆さん
・谷口貴彦マスターコーチ
・松田ミヒロさん　魔法の質問
・石見幸三チームビルディングコンサルタント
・加藤洋一さん
・加藤小百合さん（イラスト）
人は人との関わりの中で、生きて、活かされて、今があるのだとそう実感しています。

皆さま、本当にありがとうございます。まだお会いしていない読者の皆様とも、どこかで出会えることを楽しみにしています。

宮本　敦子

〈最後まで読んでいただいたあなたへの特別なプレゼント〉

本書を最後まで読んでいただいたあなたに、次の【読者限定プレゼント】を提供させていただきます。

・効果的な質問集
・夢を叶えるシート
・ゴール達成シート

今すぐ、次のアドレスからプレゼントを受け取ってご活用ください。

https://www.mcl-club.com/book/

【参考文献】

・『効き脳診断ガイドブック』フォルティナ株式会社
・『ザ・コーチ　最高の自分に出会える「目標の達人ノート」』谷口　貴彦著、プレジデント社刊
・『質問は人生を変える』松田　ミヒロ著、きずな出版刊
・『"The Inner Game of Tennis"』ティモシー・ガルウェイ著

著者略歴

宮本　敦子（みやもと　あつこ）

モット！ コミュニケーションラボ 代表 。人と組織のアドバイザー（チームビルディングコンサルタント・コーチ・研修講師）。

約 10 年アナウンサーとして様々な体験をしたのち、組織に入る。ＩＴ、教育、メーカーなど多種多様な現場を体験。サポート・セールス・コンサルを通じて 10 年以上人と関わる仕事に携わり、企画・人材育成（社内外インストラクター）・マネージメント・リーダーシップを実学として学ぶ。

法人営業、ＩＴ導入コンサルタントを経験。延べ数百社へのデモやプ レゼン、導入、教育を実施。新規事業の立上げ、代理店の営業育成やマネージャー として奮闘する中、クライアントや部下の変化、成長に大きな喜びを感じ、人材育成に興味を持つ。一方で、「仕事と家庭の両立」や「結婚とキャリアとの両立の不安」で悩む女性の相談を受ける機会も多く、介護と仕事の両立で試行錯誤した自身の経験とスキルを役に立てたいと独立。

豊富な経験と視点からの研修やコーチングは「わかりやすく」「やる気が出て楽しい」「自分に自信が持てるようになった」などの評価をいただいている。人と組織の成長と成果にこだわり、泥臭く関わる姿勢が信条。チームビルディング、研修、経営者や管理職のエグゼクティブコーチなど、組織の人に関するアドバイザーとして多くの法人のサポートをしている。

HP　http://www.motto-labo.com

若手社員との関係がうまくいかないと思ったら読む本
— 40 代管理職が知っておくべき若手社員との接し方

2020 年 7 月 2 日 初版発行　　2020 年 8 月 21 日 第 2 刷発行

著　者　宮本　敦子　© Atsuko Miyamoto
発行人　森　　忠順
発行所　株式会社 セルバ出版
〒 113-0034
東京都文京区湯島 1 丁目 12 番 6 号 高関ビル 5 B
☎ 03（5812）1178　FAX 03（5812）1188
http://www.seluba.co.jp/
発　売　株式会社 創英社／三省堂書店
〒 101-0051
東京都千代田区神田神保町 1 丁目 1 番地
☎ 03（3291）2295　FAX 03（3292）7687

印刷・製本　モリモト印刷株式会社

Printed in JAPAN
ISBN978-4-86367-588-9